ERP 沙盘

操作实训教程

主　编　张想明
副主编　苟志霞

西南交通大学出版社
·成　都·

图书在版编目（CIP）数据

ERP 沙盘操作实训教程 / 张想明主编. -- 成都 : 西南交通大学出版社, 2024. 8. -- ISBN 978-7-5643-9968-9

Ⅰ. F272.7

中国国家版本馆 CIP 数据核字第 2024ZV8358 号

ERP Shapan Caozuo Shixun Jiaocheng

ERP 沙盘操作实训教程

主　编 / 张想明

策划编辑 / 张　波

责任编辑 / 孟秀芝

封面设计 / 曹天擎

西南交通大学出版社出版发行

（四川省成都市金牛区二环路北一段 111 号西南交通大学创新大厦 21 楼　610031）

营销部电话：028-87600564　　028-87600533

网址：http://www.xnjdcbs.com

印刷：成都中永印务有限责任公司

成品尺寸　185 mm × 260 mm

印张　8.75　　字数　219 千

版次　2024 年 8 月第 1 版　　印次　2024 年 8 月第 1 次

书号　ISBN 978-7-5643-9968-9

定价　25.00 元

课件咨询电话：028-81435775

图书如有印装质量问题　本社负责退换

前　言

本书是为高职高专财经管理类专业学生编写的实训指导教程。编写本书的目的是，改变企业资源计划（ERP）沙盘实训课程的授课现状：现有实训指导教材大多对经营规则和软件操作方面的细节介绍过多，缺乏企业经营原理和运营策略的指导，使学生处于见树不见林的迷雾中，不能从宏观和整体上把握企业的经营方向和经营思路，常常陷入日常经验的盲目操作和混乱热闹的无序运营，而后得到一些感性的、碎片化的经验和体会，未能体悟到现代企业经营管理的科学思想和理论精髓。

本书致力于建立“以学生为主体、以学习成果为导向和自主学习型”的教材模式，以简洁、生动和浅显易懂的描述，为学生沉浸式学习和自主学习提供学习资料。本书用非常少的章节来达到以下目的：

（1）在一些基本原理和分析工具部分，力求简短和直观，便于学生自学和理解。

（2）教学深度和层次适合高职学生的学习。

（3）教学内容体现了从基本原理到实践应用、从简单的经验性操作上升到复杂的科学化运营以及由浅至深、依次递进的教学设计思路。

（4）理论知识融入操作流程，方便学生边学边练和边练边学，体现了工学结合的“做中学”和“学中做”的教学要求。

（5）理论结合实际，并以浅显易懂的理论叙述和生动连贯的流程性讲解引起学生的学习兴趣，焕发学习热情，引导学生参与教学过程。

（6）启智明理，用模拟经营的过程和具体实例来说明抽象的原理，避免居高临下和空洞的说教。

本书反映了作者多年来从事该课程教学的体会和理解：大多数学生常常欠缺企业运营知识，对企业和企业的经营行为缺乏概念；对 ERP 管理思想了解不够，对 ERP 沙盘和沙盘的经营思想理解不深；不能形成企业经营管理的总体思路和具体策略，往往感性地运营企业；实现目标的方法和手段缺乏以及应用不熟练，导致经营成绩不稳定和波动过大等问题。本书从这些问题入手，安排了如下学习内容：企业运行原理、ERP 管理思想、ERP 沙盘原理、经营规则等基础知识，团队组建、企业经营基本原理、企业初级策略运营等初级技能知识，初始经营方案制定、经营方案执行的总体思路、中级策略运营等中级技能知识，战略知识、战略制定和执行、战略制定的具体策略、模拟企业高级策略运营的策略和方法等高级技能知识。各部分之间的衔接和过渡力求顺畅和合乎逻辑，内容的深度和广度逐级递增，实现了由简单到复杂、由浅入深的变化，帮助学生循序渐进地学习和积累经验。

本书各部分的内容和重点如下：

第 1 章简略地介绍了企业和企业的运行原理、ERP 的概念及由来、ERP 的管理思想、ERP 沙盘的教学原理、沙盘企业的经营背景和财务概况，总结和概括了沙盘模拟经营的基本程序。在本章的最后，重点介绍和讲解了模拟经营规则以及规则中各种计算问题的计算方法与过程。本章旨在帮助学生理解企业经营的基本原理、建立沙盘模拟经营的基本思路、确定模拟经营的基本程序和步骤，以便为下一步的企业实际运营奠定知识基础和行动指南。

第 2 章首先介绍了企业组织的几个关键角色的职责，以便组建经营团队时各个成员能够对号入座，形成一个能力互补和战斗力强的团队。接下来，介绍企业经营的基本规律和沙盘模拟企业增加盈利的方法途径、沙盘模拟企业的运营原理以及生产运营系统构建的基本方法。第三部分介绍了模拟企业的实际运营流程和一些重点环节的操作要点。最后是实训总结和汇报。本章旨在帮助学生建立企业经营管理的基本逻辑、熟悉沙盘操作流程、熟练处理与操作企业经营管理的关键工作任务和重点环节，推动流程性操作和经验性经营向系统化运营过渡，为学生进入理性经营阶段提供方法指导和思考指南。

第 3 章包括经营方案的制定和优化过程、执行方案的总体思路和业务扩展的重点策略、对本阶段经营的总结和汇报三部分内容。本章旨在训练学生在理论和方法的指导下，制订计划、执行计划和控制计划以实现预期目标的管理能力，为科学管理企业以实现企业长期发展树立战略眼光和培养战略思维。

第 4 章前半部分较为细致地介绍了战略的定义、战略的内容、战略的制定和执行、市场环境分析、战略制定的策略、战略执行的组织因素和工作规程以及企业文化和领导力等内容。这些内容的选择旨在补全学生关于战略管理的知识短板，提供学生关于战略性思考问题的思维框架和策略选择。后半部分内容介绍了沙盘企业战略制定和执行的具体流程与执行策略、本阶段实训的总结和经验交流。这部分内容所阐述的思想正是我们所缺乏和未予重视的知识，增加该部分内容能够培养学生一定的战略意识和战略思维，让学生能够以战略眼光和战略思维考虑和处理各种事情，能够秉持扎实、勤恳、执着的学习态度和进取精神进行自主性和沉浸式学习，克服肤浅浮躁、急功近利和短视褊狭等学习风气，促使学生潜心学习和深度思考，提高思维认知能力。

本书各章节层层递进，逻辑联系紧密，思想性与实践性相互贯通，是学生自学非常好用的学习资料，也是教师教学的有力工具。学生可以自由选择其中的内容进行学习和训练，教师可以选择全部或部分内容进行无差别教学式分层教学，针对全体学生实行统一的教学标准，或者根据学生的不同学习需求执行不同的教学标准，让每位学生都有成就感和满足感。

本书是根据新道科技有限公司的新道新商战沙盘系统 5.0 电子沙盘的操作规程编写的，旨在培养学生经营方案的制定和优化能力、灵活能动地执行方案以实现预期目标的能力，以及通过能力的递进式训练培养战略思维和战略行动的能力。

本书是在作者多年的教学经验和知识积累的基础上，针对学生实训中经常出现的问题，将理论与实践有效结合，通过设计能力递进和循序渐进的教学思路，帮助学生由经验模式过渡到科学探索模式，摆脱惯性思维，运用批判性思维和创造性思维思考和处理问题。

苟志霞老师负责本书第一章、第二章和第三章内容编写，张想明老师负责本书第四章内容编写以及全书的统稿审稿工作。本书在编写过程中得到了同行的指导和支持，在此表示感谢。由于作者水平有限，书中难免存在疏忽与不妥之处，敬请同行专家及读者多提建议和意见，以便修订时更正和完善。

张想明　苟志霞

2023 年 12 月

目　录

第 1 章　ERP 沙盘操作基础知识

实训目标

- 了解企业和企业生产运作原理。
- 了解 ERP、ERP 发展阶段和 ERP 管理系统的功能。
- 熟悉 ERP 沙盘的运作原理和沙盘模拟企业的经营概况。
- 掌握 ERP 沙盘模拟企业经营基本规则。
- 学会计算企业规则中的各种问题。

1.1　认识企业运行原理

任务描述

了解企业和企业的运作系统及运营原理。

1.1.1　企业概述

企业是运用各种生产要素（土地、劳动力、资本、技术和企业家才能等）向市场提供有价值的商品或服务，以实现自身目标的经济组织。

企业是通过投入生产要素，把生产要素转化为产品，向消费者或用户出售产品以获取利润从而实现其发展目标。

企业的经营目标有财务目标（销售收入、净利润、利润率等）和非财务目标（市场份额、顾客满意度、顾客流失率、产品质量、品牌知名度等）。

1.1.2　企业生产运作原理

1．企业的生产运作系统

生产运作系统是一个投入和产出的系统，其职能就是将一系列投入转换为社会和用户所需要的产出。企业生产运作系统有狭义和广义之分。

狭义的生产运作系统，有时也称为制造系统，是指直接进行产品的生产加工或实现劳务的过程，其工作直接决定着产品或劳务产出的类型、数量、质量和生产运作费用。

广义的生产运作系统除包括上述内容外，一般认为还应包括企业中的研究开发、生产运作的供应与保证、生产运作计划与控制等子系统。

研究开发系统是进行生产运作前的各项技术性准备工作以及产品的研究与开发过程，在很大程度上预先决定了产品或劳务产出的效果。

生产运作的供应与保证系统的作用在于提供足以保证生产运作不间断进行所需的物料、能源、机器等各种要素，并使它们处于良好的状态。该系统将直接影响基本生产运作的正常运行。

生产运作计划与控制系统，又称生产运作管理系统，是对整个生产运作系统各方面的工作进行计划、组织、控制和协调，其作用类似于企业的大脑和神经系统。

从本质上讲，生产运作系统的职能就是将人力、物料、设备、技术、信息、能源等生产要素（投入）变换为有形产品和无形服务（产出）。生产运作系统由投入、生产运作（转换）过程、产出和反馈四个基本环节构成，如图 1-1 所示。

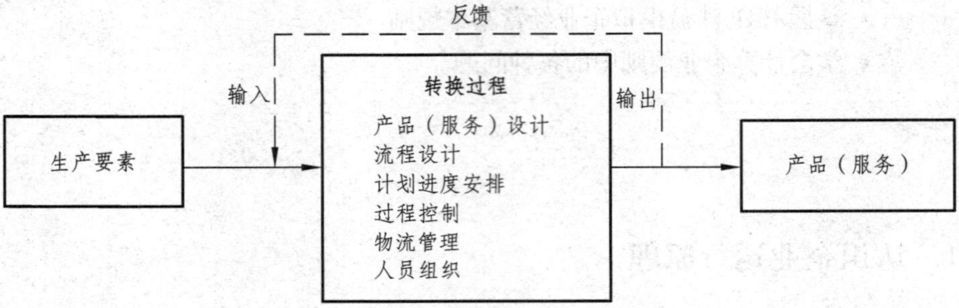

图 1-1　企业生产运作系统构成

投入要素分为构成产品实体的原材料、零部件等材料，以及不构成产品实体的人力、设备、土地、能源、信息等资源。生产运作系统的产出主要是社会和用户需要的产品或服务。生产运作过程是直接进行加工、生产或服务，实现物质与能量的转换的过程，处于生产运作系统的核心地位。生产运作系统的反馈环节执行的是控制职能，即收集生产运作系统运行的输出信息，并与输入的计划、标准等信息进行比较，发现差异，分析差异及其原因，从而采取针对性的措施来消除差异。

2. 企业运作原理

生产运作管理是指为实现经营目标有效地利用生产资源，对企业生产运作过程进行计划、组织和控制，生产满足社会需要的产品的管理活动的总称。生产运作管理有狭义和广义之分。

狭义的生产运作管理，是指以生产系统中的生产过程为对象的管理，包括生产过程的组织、生产能力的核定、生产计划和生产作业的编制、生产作业核算、生产控制与生产调度等。

广义的生产运作管理，是指针对生产系统所进行的全部活动的管理，即生产系统的设计、运行与维护过程的管理。除包括狭义的生产运作管理的内容外，它还包括企业生产方向和规模的确定、工厂布置、质量管理、设备管理、物流管理、成本控制、安全生产和环境保护等。

1.1.3 企业的生产运作过程

生产运作过程是生产运作系统的核心组成部分。生产运作过程有狭义和广义之分。

狭义的生产运作过程是指从原材料投入生产运作开始直至生产出成品或完成劳务为止的全部过程。

广义的生产运作过程是指从生产运作技术准备开始到生产出成品或完成劳务为止的全部过程。

1. 生产运作过程组成

生产运作过程包括一系列相互联系的劳动过程和自然过程。劳动过程是指劳动者利用劳动工具，直接或间接地作用于劳动对象以生产产品或提供劳务的过程。例如，改变工件的几何形状、尺寸、表面状态、物理与化学属性的工艺过程，对原材料、零部件、产成品等进行的质量控制与检验过程，实现劳动对象工作地转移的运输过程等。其中，工艺过程是生产运作过程的最基本部分，而工序则是其基本的组成单位。自然过程是指借助自然力的作用使劳动对象发生物理或化学变化的过程，如食物发酵、自然冷却、自然时效等。

按照其性质和作用，生产运作过程一般分为以下几个组成部分：

（1）基本运作过程。

基本运作过程是生产运作过程的核心部分，是指将原材料直接加工成为企业主要产品的过程，如机械制造企业的毛坯加工、装配过程，纺织企业的纺纱、织布、印染过程，医院的挂号、诊断、化验、手术等。

（2）生产技术准备过程。

技术准备过程是指产品投产前所进行的一系列生产运作技术准备工作的过程，如产品与工艺设计、工艺装备设计与制造、新产品的试制和试验等。

（3）辅助运作过程。

辅助运作过程是指为保证基本生产运作过程正常进行而向其提供辅助产品或劳务的辅助性生产运作活动过程，如机械制造企业的动力供应、设备维修、工具制造等。

（4）生产服务过程。

服务过程是指为基本生产运作和辅助生产运作提供生产性服务活动的过程，如材料供应、工具保管、理化检验等。

除此之外，有的企业还从事辅助产品和副业生产运作活动。

2. 生产运作组织要求

（1）连续性。

产品及其零部件在生产过程各环节上的运动始终处于连续的状态，不出现或少出现不必要的中断、停顿或等待的现象。

（2）平行性。

生产过程的各项活动和各工序在时间上实行平行交叉作业。

（3）比例性。

生产过程各阶段、各工序之间在生产能力上要保持一定的比例性，具体体现在工人人数、设备数量、生产速率、开工班次上。

（4）均衡性。

在生产过程的各个阶段都要保持按计划、有节奏、均衡地进行。要求在相等的时间间隔内生产相等或递增数量的产品。

（5）准时性。

企业生产系统的各个环节、工序只在需要的时候，按需要的数量和质量，生产出所需要的产品（或零部件）。

3. 制造企业生产运营流程

制造企业生产运营流程如图 1-2 所示。

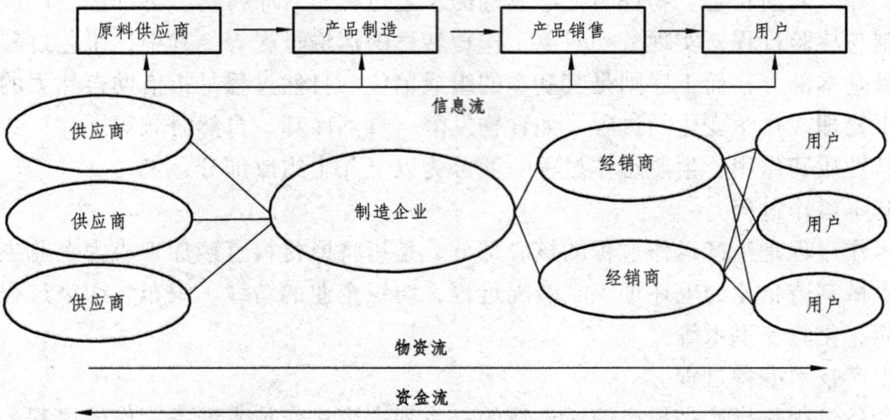

图 1-2　制造企业生产运营流程

企业供需链存在着三种流：物资流、资金流以及信息流。其中，物资流从上游向下游流动，资金流从下游向上游流动，而信息流的流动则是双向的。这三种流贯穿企业的全部活动。

想一想

做饭所需要的工具、材料有哪些？对应生产运作过程的四个组成部分一一进行叙述。

1.2 认识 ERP

任务描述

了解 ERP 及其发展阶段、ERP 管理系统的特点与功能。

1.2.1 ERP 概述

企业资源计划（Enterprise Resource Planning，ERP），由美国著名管理咨询公司 Gartner Group Inc. 于 1990 年提出，最初被定义为应用软件，随后迅速为全世界商业企业所接受，现已发展成为现代企业管理理论之一。ERP 系统是指建立在信息技术基础上，以系统化的管理思想，为企业决策层及员工提供决策运行手段的管理平台。ERP 是实施企业流程再造的重要工具之一，也是大型制造业所使用的公司资源管理系统。世界 500 强企业中有 80% 的企业将 ERP 软件作为其决策的工具，以管理日常工作流程。

ERP 中第一个字母 E（enterprise）是企业的意思。在市场经济条件下，企业要用尽可能少的代价创造尽可能多的价值，这就要求企业必须具有整合各种资源为社会创造价值的能力，最大限度发挥和利用好可以掌控的资源，并利用这些资源实现企业的增值经营。ERP 不是管理功能的简单组合，而是从企业的整体利益出发，为企业和全局目标服务，应用信息技术平台构造起来的一套全新的管理方法和管理模式。它是各项管理功能按照 ERP 理念和思想的有机集成，不是一般传统意义上的管理业务电子化。

ERP 中第二个字母 R（resource）代表资源。资源对于企业而言有两个最基本的特征：第一个特征是企业获得资源需要付出代价，而且资源是有限的；第二个特征是资源需要有效利用和合理配置，这是企业管理的核心任务。企业的资源包括人力资源、工具类资源以及原材料、能源、信息等资源。

ERP 中第三个字母 P（planning）代表计划，它是 ERP 理念或思想中最为核心的部分。企业要有效利用和整合资源，使企业的效益最大化。ERP 系统就是将企业内部所有资源进行整合，对采购、生产、成本、库存、销售、运输、财务、人力资源进行规划和优化，从而达到最佳资源组合，获取最高利润的行为。

1.2.2 ERP 发展阶段

纵观 ERP 发展过程，它经历了五个大的阶段。

1. 订货点法（ROP）

订货点法又称订购点法，始于 20 世纪 30 年代。订货点法，也称安全库存法，是指对于某种物料或产品，由于生产或销售的原因而逐渐减少，当库存量降低到某一预先设定的点时，即开始发出订货单（采购单或加工单）来补充库存，直至库存量降低到安全库存时，发出的订单所订购的物料（产品）刚好到达仓库，补充前一时期的消耗。这一订货的数值点，称为订货点。从订货单发出到所订货物收到这一段时间称为订货提前期。订货点法如图 1-3 所示。

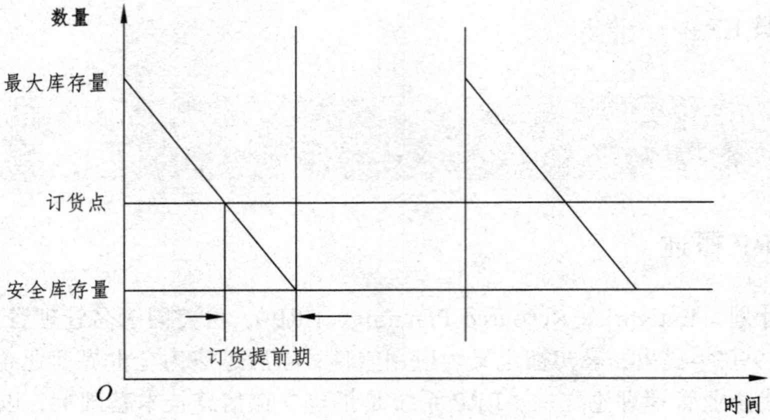

图 1-3　订货点法

订货点法本身具有一定的局限性。例如，某种物料库存量虽然降低到订货点，但是可能在近一段时间内企业没有收到新的订单，所以近期内没有新需求产生，暂时可以不用考虑补货。因此，订货点法也会造成一部分的库存积压和资金占用。

2. 物料需求计划（MRP）

MRP 是在解决订货点法的基础上发展起来的，是对产品构成进行管理，借助计算机的运算能力及系统对客户订单、在库物料、产品构成的管理能力，实现依据客户订单，按照产品结构清单展开并计算物料需求计划，如图 1-4 所示。到 20 世纪 60 年代，随着计算机系统的发展，短时间内对大量数据进行复杂运算成为可能，于是人们提出了 MRP 理论，即 Material Requirement Planning。

美国生产与库存控制协会给出物料需求计划（MRP）的定义：物料需求计划指依据主生产计划（MPS）、物料清单（BOM）、库存记录和已订未交定单等资料，经由计算而得到各种相关需求物料的需求状况，同时提出各种新订单补充的建议，以及修正各种已开出订单的一种实用技术。

制订物料需求计划前，必须建立以下基本数据：

（1）主生产计划。它指明在某一计划时间段内应生产出的各种产品和备件，它是物料需求计划制订最重要的数据来源之一。

（2）物料清单。它指明了物料之间的结构关系，以及每种物料需求的数量，它是物料需求计划系统中最为基础的数据。

（3）库存记录。它反映每个物料品目的现有库存量和计划接受量的实际状态。

（4）提前期。它决定着每种物料何时开工、何时完工。

应该说，这四项数据至关重要、缺一不可。缺少其中任何一项或任何一项中的数据不完整，物料需求计划的制订都将是不准确的。因此，在制订物料需求计划之前，必须完整地建立好这四项数据，而且保证是绝对可靠的、可执行的数据。

一般来说，物料需求计划的制订遵照先通过主生产计划导出有关物料的需求量与需求时间，然后根据物料的提前期确定投产或订货时间的计算思路。其计算步骤如下：

（1）物料的毛需求量计算。即根据主生产计划、物料清单得到第一层级物料品目的毛需求量，再通过第一层级物料品目计算出下一层级物料品目的毛需求量，依次往下展开计算，直到计算出最低层级原材料毛坯或采购件为止。

（2）净需求量计算。即根据毛需求量、可用库存量、已分配量等，计算出每种物料的净需求量。

（3）批量计算。即由相关计划人员对物料生产做出批量策略决定，不管采用何种批量规则或不采用批量规则，净需求量计算后都应该标明有否批量要求。

（4）安全库存量、废品率和损耗率等的计算。即由相关计划人员来规划是否要对每个物料的净需求量作安全库存量、废品率和损耗率这三项计算。

（5）下达计划订单。即通过以上计算后，根据提前期生成计划订单。物料需求计划所生成的计划订单，要通过能力资源平衡确认后，才能开始正式下达计划订单。

（6）再一次计算。物料需求计划的再次生成大致有两种方式：第一种方式是对库存信息重新计算，同时覆盖原来计算的数据，从而生成全新的物料需求计划；第二种方式则是只在制订、生成物料需求计划的条件发生变化时，才相应地更新物料需求计划有关部分的记录。这两种生成方式都有实际应用的案例，至于选择哪一种要视企业实际的条件和状况。

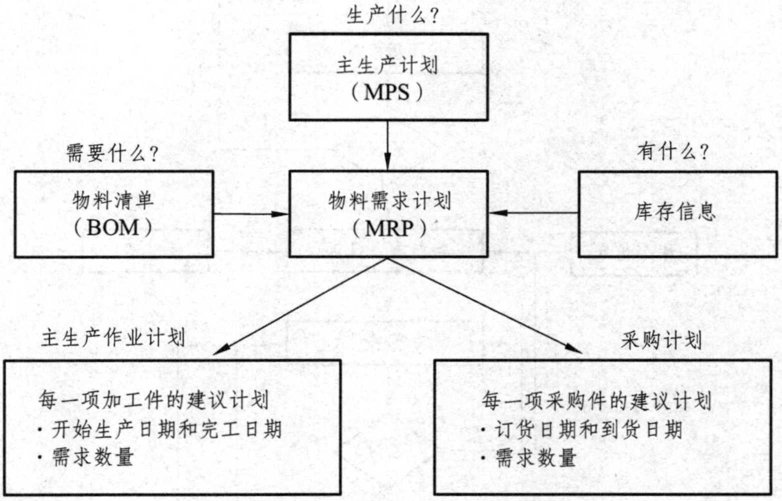

图 1-4　MRP 逻辑流程图

3. 闭环 MRP

闭环 MRP 是在物料需求计划（MRP）的基础上，增加对投入与产出的控制，也就是对企业的能力进行校验、执行和控制。

闭式 MRP 是一个集计划、执行、反馈为一体的综合性系统，它能对生产中的人力、机器和材料各项资源进行计划与控制，使生产管理的应变能力有所加强。闭环 MRP 系统是一个围绕物料需求计划而建立的系统，除涵盖物料需求计划外，还将生产能力需求计划、车间作业计划和采购作业计划全部纳入 MRP，形成一个封闭的系统（见图 1-5）。

在 20 世纪 70 年代，在 MRP 基础上，将生产能力作业计划、车间作业计划和采购作业计划全部纳入 MRP，同时在计划执行过程中加入来自车间、供应商和计划人员的反馈信息，并利用这些信息进行计划的平衡调整，从而围绕着物料需求计划，使生产的全过程形成一个统一的闭环系统。闭环 MRP 将物料需求按周，甚至按天进行分解，使得 MRP 成为一个实际的计划系统和工具，而不仅仅是一个订货系统。

整个闭环 MRP 的过程如下：

（1）企业根据发展的需要与市场需求来制定企业生产规划。

（2）根据生产规划制订主生产计划，同时进行生产能力与负荷的分析。该过程主要是针对关键资源的能力与负荷的分析过程。只有通过对该过程的分析，才能达到主生产计划基本可靠的要求。

（3）根据主生产计划、企业的物料库存信息、产品结构清单等信息来制订物料需求计划。

（4）由物料需求计划、产品生产工艺路线和车间各加工工序能力数据（即工作中心能力，其有关概念将在后面介绍）生成对能力的需求计划，通过对各加工工序的能力平衡，调整物料需求计划。

（5）采购与车间作业按照平衡能力后的物料需求计划执行，同时进行能力的控制，即输入输出控制，并根据作业执行结果反馈到计划层。

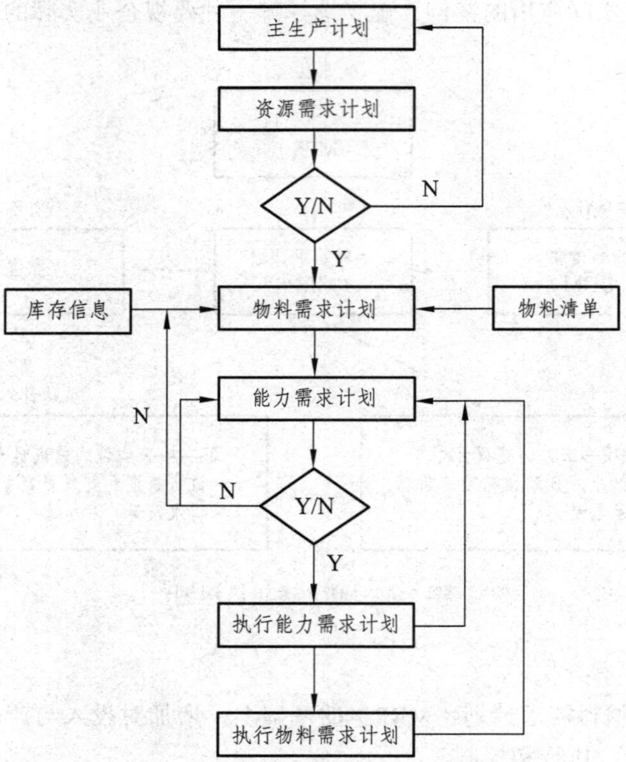

图 1-5　闭环 MRP 逻辑流程图

4. 制造资源计划（MRPⅡ）

制造资源计划（MRPⅡ），是以物料需求计划（MRP）为核心，对企业的各种制造资源和企业生产经营各环节实行合理有效的计划、组织、控制和协调，达到既能连续均衡生产，又能最大限度地降低各种物品的库存量，进而提高企业经济效益的管理方法。

MRPⅡ在考虑企业实际生产能力的前提下，以最小的库存保证生产计划的完成，同时对生产成本的加以管理，从而实现企业物流、信息流和资金流的统一。

MRPⅡ是对制造业企业资源进行有效计划的一整套方法。它是围绕企业的基本经营目标，以生产计划为主线，对企业制造的各种资源进行统一的计划和控制，使企业的物流、信息流、资金流流动畅通的一个动态反馈系统。它可以简单地理解为在闭环MRP的基础上，集成财务管理功能。

需求量、提前期与加工能力是MRPⅡ制订计划的主要依据。在市场形势复杂多变、产品更新换代周期短的情况下，MRPⅡ对需求与能力的变更，特别是计划期内的变动适应性差，因此需要较大的库存量来吸收需求与能力的波动。

5. 企业资源计划（ERP）

企业资源计划是由美国计算机技术咨询和评估集团Gartner Group Inc. 提出的一种供应链的管理思想。企业资源计划（ERP）是指建立在信息技术的基础上，以系统化的管理思想，为企业决策层及员工提供决策运行手段的管理平台。ERP系统支持离散型、流程型等混合制造环境，应用范围从制造业扩展到零售业、服务业、银行业、电信业、政府机关和学校等事业部门，通过融合数据库技术、图形用户界面、第四代查询语言、客户服务器结构、计算机辅助开发工具、可移植的开放系统等对企业资源进行了有效的集成。

它汇合了离散型生产和流程型生产的特点，面向全球市场，包罗了供应链上所有的主导和支持能力，协调企业各管理部门围绕市场导向，更加灵活或“柔性”地开展业务活动，实时地响应市场需求。为此，重新定义供应商、分销商和制造商相互之间的业务关系，重新构建企业的业务和信息流程及组织结构，使企业在市场竞争中具有更大的能动性。

ERP是一种主要面向制造行业进行物质资源、资金资源和信息资源集成一体化管理的企业信息管理系统。它是一个以管理会计为核心，可以提供跨地区、跨部门，甚至跨公司整合实时信息的企业管理软件，是针对物资资源管理（物流）、人力资源管理（人流）、财务资源管理（财流）、信息资源管理（信息流）集成一体化的企业管理软件。

1.2.3 ERP系统的特点、管理理念与功能模块

1. ERP系统的特点

（1）ERP更面向市场、面向经营、面向销售，能够对市场作出快速响应，将供应链管理功能包含在内，强调供应商、制造商与分销商间的新的伙伴关系支持企业后勤管理。

（2）ERP更强调企业流程与工作流，通过工作流实现企业的人员、财务、制造与分销间的集成，支持企业过程重组。

（3）ERP纳入产品数据管理（PDM）功能，增加对设计数据与过程的管理，进一步加强了生产管理系统与CAD、CAM系统的集成。

（4）ERP更多地强调财务，具有相对完善的企业财务管理体系，这使得价值管理概念得以实施，将资金流与物流、信息流有机结合。

（5）ERP 较多地考虑人的因素作为资源在生产经营规划中的作用，也考虑了人的培训成本等。

（6）在生产制造计划中，ERP 支持 MRP 与 JIT（准时制生产，just in time）混合管理模式，也支持多种生产方式（离散制造、连续流程制造等）的管理模式。

（7）ERP 采用最新的计算机技术，如客户/服务器分布式结构、面向对象技术、基于 WEB 技术的电子数据交换（EDI）、多数据库集成、数据仓库、图形用户界面、第四代语言及辅助工具等。

2. ERP 系统的管理理念

（1）体现了对整个供应链进行有效管理的思想，实现了对整个企业供应链上的人财物等所有资源及其流程的管理。

（2）体现了精益生产、同步工程和敏捷制造的思想，面对激烈的竞争，企业需要运用同步工程组织生产和敏捷制造，保持产品高质量、多样化、灵活性，实现精益生产。

（3）体现了事先计划与事中控制的思想，ERP 系统中的计划体系主要包括生产计划、物料需求计划、能力需求计划等。

（4）体现了业务流程管理的思想，为提高企业供应链的竞争优势，必然带来企业业务流程的改革，而系统应用程序的使用也必须随业务流程的变化而相应调整。

3. ERP 系统的主要功能模块

ERP 系统包括以下主要功能：供应链管理（SCM）、销售与市场、分销、客户服务、财务管理、制造管理、库存管理、工厂与设备维护、人力资源、报表、制造执行系统（MES）、工作流服务和企业信息系统等。此外，还包括金融投资管理、质量管理、运输管理、项目管理、法规与标准和过程控制等补充功能。

想一想

根据自己的理解，描述 ERP 管理系统在企业经营管理中的作用。

1.3 认识 ERP 沙盘

任务描述

了解 ERP 沙盘及沙盘模拟企业经营现状，做好企业模拟经营的思想准备。

1.3.1 ERP 沙盘简介

ERP 沙盘（或 ERP 模拟沙盘）是针对代表先进的现代企业经营与管理技术的 ERP 系统而设计的角色体验的实验平台。模拟沙盘按照制造企业的职能部门，将职能中心划分为营销与规划中心、生产中心、物流中心和财务中心。各职能中心涵盖了企业运营所有的关键环节：以战略规划、资金筹集、市场营销、产品研发、生产组织、物资采购、设备投资与改造、财务核算与管理等部分为设计主线，将企业运营所处的内外部环境抽象为一系列规则，由受训者组成若干个相互竞争的模拟企业，模拟企业 5 ~ 6 年的经营状况，通过学生参与→沙盘载体→模拟经营→对抗演练→讲师评析→学生感悟等一系列实验环节，采用理实一体化、集角色扮演与团队协作的设计思想，使受训者在分析市场、制定战略、营销策划、组织生产、财务管理等一系列活动中，参悟科学的管理思想，培养团队精神，提升管理能力。

1.3.2 沙盘模拟企业概况

1. 经营背景

模拟企业需要运用股东的初始投资资本和可以利用的融资资源，通过研发和生产 P 系列产品，在本地、国内、区域、亚洲、国际五个市场与竞争对手开展竞争，通过提高销售额、加强市场地位取得利润的增长和所有者权益的增加，同时增强企业发展潜力，最终实现股东期望和企业经营目标。

模拟企业是一个初创企业，尚未开展任何经营活动，没有生产基础设施，也没有任何产品生产资格和市场销售资质，企业需要完成各种生产经营准备活动后方可生产和销售。

模拟经营团队需要研究市场预测，根据市场价格和需求量以及自身资源和运营能力决定生产什么产品、生产多少产品，从而决定厂房与生产线购置、产品开发与认证、市场开拓、广告投放、采购等活动的开展时间和进度。为最大限度地满足市场销售和实现企业盈利，需要建设一个柔性化、高效率、低成本的生产运营系统，通过优化资源配置来发展企业竞争力，以便在市场竞争之初确立竞争优势和占据有利的市场地位，确保企业进入良性发展轨道。

在生产工作准备就绪后，根据竞争态势和市场需求状况合理投放广告，通过订货会和竞拍会取得销售订单，组织生产，按时交货；随时观察和分析市场形势，适时调整运营策略，努力扩大生产和提高销售；采取有效措施协调和控制各项经营活动过程和结果，确保各项生产经营计划顺利开展。

通过计划、组织、执行、协调和控制等管理手段和方法进行沙盘模拟企业经营，既学习企业管理知识，积累管理经验，提高管理能力，又培养团队合作精神和人际协调能力。

2. 企业的财务状况

一般来讲，财务状况是企业某一特定时日资产、负债和所有者权益等会计要素的存续状态，企业所拥有和控制的经济资源，以及企业一定期间内经营活动过程和经营结果的综合反映。企业的财务状况由企业对外提供的主要财务报告——资产负债表来表述。资产负债表是反映企业在某一特定日期（如月末、季末、年末）全部资产、负债和所有者权益情况的会计报表，是企业经营活动的静态体现，是根据“资产 = 负债 + 所有者权益”这一会计平衡公式，依照一定的分类标准和一定的次序，将某一特定日期的资产、负债、所有者权益的具体项目予以适当的排列编制而成的。它是一张揭示企业在一定时点财务状况的静态报表。通过资产负债表，可以理解企业所掌握的经济资源及其分布情况，了解企业的资本结构，分析、评价和预测企业的短期偿债能力与长期偿债能力准确评估企业的经营业绩。

在“ERP 沙盘模拟”课程中，可从实训角度对资产负债表中的项目进行适当简化，本沙盘企业经营之初的资产负债表如表 1-1 所示（初始资金设置为 700 万元）。

表 1-1　简易资产负债表　　　　单位：万元

资产项目	期初数	负债和所有者权益项目	期初数
流动资产：		负债：	
现金	700	长期负债	
应收款		短期负债	
在制品		应交所得税	
产成品		—	
原材料		—	
流动资产合计	700	负债合计	
厂房		股东资本	700
生产线		利润留存	
在建工程		年度净利	
固定资产合计		所有者权益合计	700
资产总计	700	负债和所有者权益总计	700

3. 沙盘模拟企业经营的基本程序

（1）选择要经营的产品业务。

（2）购置厂房和生产线，进行产品研发、市场开拓、产品质量认证等经营准备活动。

（3）根据生产活动开始时间，提前进行材料采购和销售订单获取工作。

（4）进行产品生产和完成订单交货工作。

（5）年末进行财务绩效的核算与报表的填制工作。

（6）同步进行融资活动以满足生产经营资金需求。

（7）有策略地调整或变更经营计划，持续改善经营绩效以满足股东期望和实现企业目标。

4. 股东期望和企业目标

公司董事会希望组建的管理团队能够把握时机，稳妥开展生产布局和积极参与市场竞争，力争实现开门红，在本地、区域两市场取得较好业绩，然后进一步扩大市场区域，整合资源增加产能，加强计划的执行、协调与控制，努力抓住市场扩大和需求快速增长的销售机遇期，取得企业利润和发展潜力的高速增长，以便让股东满意和促进企业的可持续发展。

想一想

你将如何开始模拟企业的经营？请列出你的计划。

1.4 ERP 沙盘模拟经营规则

任务描述

理解沙盘模拟企业经营规则，学会厂房贴现费用、应收账款贴现利息、贷款利息、材料采购数量和采购时间、产品产量、损失等各种计算。

1.4.1 企业基本建设

1. 厂房购置

厂房的买、租、售等规则如表 1-2 所示。

表 1-2 厂房建设、使用与处置规则表

厂房	买价/万元	租金/(万元/年)	售价/万元	容量/条	厂房出售得到 4 个账期的应收款，紧急情况下可用厂房贴现（4 季贴现），直接得到现金，如厂房中有生产线，同时要扣租金。
大厂房	400	44	400	4	
中厂房	300	30	300	3	
小厂房	180	18	180	2	

特别说明：

- 每季均可租或买，租满一年的厂房在满年的季度（如在第二季度租的，则在以后各年第二季度计为满年，可进行处理），需要用“厂房处理”进行“租转买”、“退租”（当厂房中没有任何生产线时）等处理，如果未加处理，则原来租用的厂房在满年季末自动续租；厂房不计提折旧；生产线不允许在不同厂房间移动。

• 厂房使用可以任意组合，但总数不能超过 4 个，如租 4 个小厂房，或买 4 个大厂房，或租 1 个大厂房、买 3 个中厂房等。

【例 1】 大厂房贴现的计算

大厂房购买价格 400 万元，大厂房贴现计算可以理解为两步：

第一步：视同出售厂房，得到 4 个账期的应收账款 400 万元。

第二步：将 4 个账期的应收账款 400 万元贴现，贴息为 $400 \times 12.5\% = 50$ 万元（计入财务费用），贴现后实得现金为 $400 - 50 = 350$ 万元。

如果贴现的厂房中有生产线，则系统自动租赁一个与原来一样的厂房，则该大厂房贴现后，系统自动租赁一个大厂房，扣除租金 40 万元（计入综合费用），则本次大厂贴现后最终得到的现金为 $400 - 50 - 40 = 310$ 万元。

同理可计算其他厂房的贴现。

练习题 1：安装有生产线的中厂房和小厂房贴现所得现金的计算

单位：万元

厂房类型	购置成本	贴现利息	厂房租金	实得现金
中厂房	300			
小厂房	180			

2. 生产线建设

（1）生产线的购置、安装、生产、维护和残值规则。

生产线建设、使用和处置规则如表 1-3 所示。

表 1-3　生产线建设、使用和处置规则表

生产线类型	购置费/万元	安装周期/Q	生产周期/Q	总转产费/万元	转产周期/Q	维修费/(万元/年)	残值/万元
手工线	35	无	2	0	无	5	5
租赁线	0	无	1	20	1	65	−100
自动线	150	3	1	20	1	20	30
柔性线	200	4	1	0	无	20	40

特别说明：

• 不论何时出售生产线，从生产线净值中取出相当于残值的部分计入现金，净值与残值之差计入损失。

• 只有空的并且已经建成的生产线方可转产。

• 当年建成的生产线、转产中生产线都要缴纳维修费。

• 生产线不允许在不同厂房间移动。

• 租赁线不需要购置费，不需要安装周期，不计折旧，维修费可以理解为租金；其在出售时（可理解为退租），系统将扣除 100 万元/条的清理费用，计入损失；该类生产线不计小分。

• 手工线不计小分。

（2）生产线折旧（平均年限法）。

生产线折旧（平均年限法）规则如表 1-4 所示。

表 1-4　生产线折旧表　　单位：万元

生产线类型	购置费	残值	建成第一年	建成第二年	建成第三年	建成第四年	建成第五年
手工线	35	5	0	10	10	10	—
自动线	150	30	0	30	30	30	30
柔性线	200	40	0	40	40	40	40

特别说明：当年建成的生产线当年不计提折旧，当净值等于残值时生产线不再计提折旧，但可以继续使用。

【例 2】　生产线变卖损失的计算（生产线变卖价格等于残值）

① 拟变卖生产线资料：

生产线类型	建成时间	变卖时间	原值/万元	残值/万元	变卖价格/万元
自动线	第二年	第五年	150	30	30
柔性线	第二年	第五年	200	40	40

② 拟变卖生产线计提折旧情况：

单位：万元

生产线类型	第二年	第三年	第四年	第五年
自动线	0	30	30	0
柔性线	0	40	40	0

③ 拟变卖生产线的损失计算：

自动线净值 = 150 – 30（第三年折旧）– 30（第四年折旧）= 90（万元）

自动线变卖损失 = 残值（出售价格）– 净值 = 30 – 90 = – 60（万元）

柔性线净值 = 200 – 40（第三年折旧）– 40（第四年折旧）= 120（万元）

柔性线变卖损失 = 残值（出售价格）– 净值 = 40 – 120 = – 80（万元）

练习题 2：计提两年折旧的手工线变卖损失

生产线类型	购买成本/万元	购置时间	变卖时间	变卖收入/万元	损失/万元
手工线	35	第二年	第五年		

1.4.2　产品生产和材料采购

1. 产品质量认证

产品质量认证规则如表 1-5 所示。

表 1-5　产品质量认证规则表

认证	ISO9000	ISO14000	开发费用按开发时间在年末平均支付，不允许加速投资，但可中断投资。 ISO 开发完成后，领取相应的产品质量认证。
时间/年	2	2	
费用/(万元/年)	10	15	

注：无须缴纳维护费，中途停止使用，也可继续拥有资格并在以后年份使用。ISO 认证开拓，只有在第四季度可以操作。

2. 产品开发与生产

产品开发与生产规则如表 1-6 所示。

表 1-6　产品开发与生产规则表

名称	开发费用/(万元/Q)	开发周期（Q）	加工费/(万元/个)	直接成本/(万元/个)	产品组成
P1	10	2	10	20	R1
P2	10	3	10	30	R2 + R3
P3	10	4	10	40	R1 + R3 + R4
P4	10	5	10	50	R2 + R3 + P1（P1 为中间品）

注：产品开发投资可以中断，但不可以加速投资，在完成开发周期后方可拥有生产资格。

3. 材料采购

材料采购规则如表 1-7 所示。

表 1-7　材料采购规则表

名称	购买价格/(万元/个)	提前期/Q
R1	10	1
R2	10	1
R3	10	2
R4	10	2

注：材料采购采用货到付款，订购原材料时无须付款。

【例 3】　计算 3 条 P2、3 条 P3 生产线所需的材料采购数量（按照自动线的生产周期计算需求数量和确定订购时间）。

① 材料需求量计算表：

单位：个

产品	R1	R2	R3	R4
3P2	—	3×1	3×1	
3P3	3×1	—	3×1	3×1
合计	3	3	6	3

② 材料采购时间的安排（假定第二年第一季度开始初次生产产品）：

单位：个

时间	R1	R2	R3	R4
第一年 Q1	—	—	—	—
第一年 Q2	—	—	—	—
第一年 Q3（提前二季度）	—	—	6	3
第一年 Q4（提前一季度）	3	3	6	3

实际采购时，可以适当增加少量的机动材料，以应对选单的不确定性。

练习题 3：如果计划在第二年第一季度生产 3P1、3P2、2P3 的产品组合，请确定原材料的采购时间和采购数量，并计算原材料的到货时间和所需资金以及每季度的产品产量，将 1～2 年的计算结果填写到以下表格内。

材料采购数量计算表

产品	R1	R2	R3	R4
4P1				
4P4				
合计				

材料采购时间及数量计划表

时间	R1	R2	R3	R4
第一年 Q1				
第一年 Q2				
第一年 Q3				
第一年 Q4				

第一、二年的材料采购数量、采购资金和产品数量计算表

时间		材料采购种类及数量	材料更新所需资金	产品种类及产量
第一年	Q1			
	Q2			
	Q3			
	Q4			
第二年	Q1			
	Q2			
	Q3			
	Q4			

练习题 4：P1 产品开始生产时间为第二年第一季度，P4 产品开始生产时间为第二年第二季度，计算 4P1 和 4P4 所需原材料数量和资金，并确定第二年的产品产量（假定有 4 条柔性生产线和 4 条自动生产线，第二年第一季度使用全部生产线生产 P1 产品）。

4P1 和 4P4 产品组合第一、二年的材料采购数量、采购资金和产品数量计算表

时间		材料采购种类及数量	材料更新需要资金	产品产量及种类
第一年	Q1			
	Q2			
	Q3			
	Q4			
第二年	Q1			
	Q2			
	Q3			
	Q4			

4. 紧急采购

在材料短缺或成品数量少于交货数量时，可以通过紧急采购来解决材料或成品数量不足的问题。

（1）付款即到货，原材料价格为直接成本的 2 倍，成品价格为直接成本的 3 倍。

（2）紧急采购原材料和产品时，直接扣除现金。上报报表时，成本仍然按照标准成本记录，紧急采购多付出的成本计入费用表的损失项目。

【例 4】 因生产急需，紧急采购 R3 材料 2 个、R4 材料 1 个，采购损失是多少？

正常采购2个R3材料和1个R4材料，需要30万元资金，紧急采购上述材料，需要60万元资金，采购损失为60 - 30 = 30万元资金，其中30万元计入正常材料成本，30万元计入综合费用表中的损失项目。

【例5】 因订单交货需要，紧急采购P3产品1个，计算紧急采购损失。

P3产品正常生产的直接成本为40万元，紧急采购需要120万元资金，紧急采购损失为120 - 40 = 80万元，其中40万元计入正常产品（销售）成本，80万元计入综合费用表中的损失项目。

练习题5：计算1个P4产品和1个P2产品的紧急采购损失

1个P4产品和1个P2产品的紧急采购损失计算表　　单位：万元

产品	直接成本	紧急采购成本	销售成本	采购损失
P4				
P2				
合计				

1.4.3　产品销售和广告投放

1. 市场开发

市场开发规则如表1-8所示。

表1-8　市场开发规则表

市场	开发费/(万元/年)	时间/年	
本地	10	1	开发费用按开发时间在年末平均支付，不允许加速投资，但可中断投资。 市场开发完成后，领取相应的市场准入证。
区域	10	1	
国内	10	2	
亚洲	10	3	
国际	10	4	

注：无须缴纳维护费，中途停止使用，也可继续拥有资格并在以后年份使用。市场开拓，只有在第四季度可以操作。

2. 广告投放和选单规则

（1）投放5万元广告有一次选单机会，每增加10万元，就多一次机会，如果投放小于5万元广告则无选单机会，但仍需扣除广告费，对计算市场广告额有效。广告投放可以为6万元、7万元。

（2）投放广告，只规定最晚时间，没有规定最早时间。即当年结束后可以马上投放广告。

（3）"市场老大"[①]对该市场所有产品有优先选单权，然后以本市场本产品广告额投放

① 市场老大指在该市场上年销售额最高且无违约，若有多个队满足则老大随机或者没有。

大小顺序依次选单；如果各队本市场本产品广告额相同，则看本市场广告投放总额；如果本市场广告投放总额也相同，则看上一年本市场销售排名；如仍无法决定，先投广告者先选单。第一年无订单。

（4）选单时，两个市场同时开单，各队需要同时关注两个市场的选单进展，其中一个市场先结束，则第三个市场立即开单，即任何时候会有两个市场同时开单，除非到最后只剩下一个市场选单。如某年本地、区域、国内、亚洲四个市场有选单。则系统将本地、区域同时放单，各市场按 P1、P2、P3、P4 顺序独立放单，若本地市场选单结束，则国内市场立即开单，此时区域、国内两个市场保持同时开放，紧接着区域结束选单，则亚洲市场立即放单，即国内、亚洲两个市场同时开单。选单时各队需要点击相应“市场”按钮，一个市场选单结束，系统不会自动跳到其他市场。

注意：

- 出现订单确认框时要在倒计时大于 5 秒时按下确认按钮，否则可能造成选单无效。
- 在某细分市场（如本地、P1）有多次选单机会，只要放弃一次，则视同放弃该细分市场所有选单机会。

3. 竞单会

竞单会是模拟企业获取订单的第二种途径，是在订货会上未能得到足够订单时获取订单的补充渠道，订单数量少。在一个模拟经营周期内有两次参加竞标的机会，分别安排在第三年和第六年订货会结束之后进行。

（1）竞单规则。

① 系统一次同时放几张订单（由老师在教师端设定），同时竞单，并显示所有订单，竞单年份随市场预测同时公布。

② 参与竞标的订单标明订单编号、市场、产品、数量、ISO 要求等，而总价、交货期、账期三项为空。

③ 竞拍会订单上，价格、交货期、账期都是各个队伍根据各自情况填写选择的，系统默认的总价是成本价，交货期为 1 个交货期，账期为 4 个账期，如修改，需要手工修改。

（2）投标资质。

① 参与投标的公司需要有相应市场、ISO 认证的资质，但不必有生产资格。

② 中标公司需要为该订单支付 5 万元的标书费，在竞标会结束后一次性扣除，计入广告费。

③ 如果（已竞得单数 + 本次同时竞单数）× 5 > 现金余额，则不能再参与竞单。即必须有一定库存现金作为保证金。如同时竞拍 3 张订单，库存现金为 28 万元，已经竞得 3 张订单，扣除 15 万元标书费，还剩余 13 万元库存现金，则不能继续参与竞单，因为如果再竞得 3 张订单，13 万元库存现金不足以支付标书费 15 万元。

④ 为防止恶意竞单，对竞得单张数进行限制，如果某队已竞得单张数 > ROUND（3 × 该年竞单总张数/参赛队数），则不能继续参与竞单。

注意：

- ROUND 表示四舍五入。
- 如上式为等于，可以继续参与竞单。

• 参赛队数指经营中的队伍，若破产继续经营也算在其内，破产退出经营则不算在其内。

如某年竞单共有 40 张，20 队（含破产继续经营）参与竞单，当一队已经竞得 7 张订单时，因为 7 > ROUND（3 × 40/20），所以不能继续参与竞单；但如果一队已经竞得 6 张订单，则可以继续参与竞单。

（3）投标。

参与投标的公司须根据所投标的订单，在系统规定时间内（90 秒，以倒计时秒的形式显示，竞拍时间可由老师设置）填写总价、交货期、账期三项内容，确认后系统按照以下公式计算得分：

$$\text{得分} = 100 + (5 - \text{交货期}) \times 2 + \text{应收账期} - 8 \times \text{总价}/(\text{该产品直接成本} \times \text{数量})$$

以得分最高者中标。如果计算分数相同，则先提交者中标。

注意：

• 总价不能低于（可以等于）成本价，也不能高于（可以等于）成本价的 3 倍。
• 必须为竞单留足时间，如在倒计时小于等于 5 秒内再提交，可能无效。
• 竞得订单与选中订单一样，计算市场销售额，对计算市场老大有效。
• 竞单时不允许紧急采购，不允许市场间谍。

1.4.4 融资与财务

1. 融资

企业的融资方式有以下几种，融资规则如表 1-9 所示。

表 1-9 企业的融资方式和融资规则

<table>
<tr><th>贷款类型</th><th>贷款时间</th><th>贷款额度</th><th>年息</th><th>还款方式</th></tr>
<tr><td>长期贷款</td><td>每年年初</td><td rowspan="2">所有长期贷款和短期贷款之和不能超过上年权益的 3 倍</td><td>10%</td><td>年初付息，到期还本；每次贷款为不小于 10 的整数</td></tr>
<tr><td>短期贷款</td><td>每季度初</td><td>5%</td><td>到期一次还本付息；
每次贷款额为不小于 10 的整数</td></tr>
<tr><td>资金贴现</td><td>任何时间</td><td>视应收账款额</td><td>10%（Q1、Q2），
12.5%（Q3、Q4）</td><td>变现时贴息，可对 Q1、Q2 应收联合贴现（Q3、Q4 同理）</td></tr>
<tr><td>库存拍卖</td><td colspan="4">原材料八折，成品按成本价</td></tr>
</table>

注：长期贷款利息计算，所有不同年份长期贷款加总再乘以利率，然后四舍五入计算利息。短期贷款利息是按每笔短期贷款分别计算。

（1）长短期贷款利息的计算（采用四舍五入原则计算）。

① 长期贷款利息的计算。

比如，500 万元 × 10% = 50 万元，504 万元 × 10% = 50.4 万元 ≈ 50 万元，长期贷款金额可以是 10 的整数倍加 4 万元，要合理利用四舍五入规则来减少利息支出。

以后年份追加长期贷款时不应再加 4 的尾数，因为不同时期长期贷款要累计计算利息。

② 短期贷款利息的计算。

比如，200 万元 × 5% = 10 万元，209 万元 × 5% = 10.45 万元 ≈ 10 万元，应该贷款 209 万元。

那么短期贷款 210 万元的利息是多少？210 万元 × 5% = 10.5 ≈ 11 万元。短期贷款 210 万元 ~ 219 万元这个区间利息都是 11 万元，短期贷款在 201 万元 ~ 209 万元这个区间利息都是 10 万元，以此类推，短期贷款金额为 10 的偶数倍加不大于 9 的尾数，其利息与 10 的偶数倍贷款金额利息相同。

练习题 6：分别计算长期贷款 245 万元和短期贷款 295 万元的利息，并说明这样的贷款金额安排是否合理。

（2）应收账款贴现利息的计算（贴现利息采用向上取整规则计算）。

① 1 个账期或 2 个账期的应收账款贴现利息计算。

比如，贴现 202 万元的应收账款，其贴现利息为 202 万元 × 10% = 20.2 万元 = 21 万元，贴现 202 万元实际收到现金为 181 万元，比贴现 200 万元仅多得 1 万元现金，又多付 1 万元贴现利息，所以应贴现 200 万元，不是贴现 202 万元。

以此类推，1、2 个账期的应收账款贴现金额应为 10 的整数倍；1、2 个账期的应收账款可以联合贴现，贴现金额合计为 10 的整数倍即可。

比如，某季度现金短缺 245 万元，现有两个账期的应收账款 250 万元，在 1、2 个账期应收账款联合贴现中需要一个账期的应收账款多少金额才能筹集所需要的现金？

245 万元现金需要贴现应收账款金额为 = 245 万元 ÷（1 − 10%）= 272.22（万元）

由于应收账款贴现利息计算采用向上取整规则，故需要联合贴现应收账款 280 万元，现需要贴现一个账期的应收账款金额为 280 − 250 = 30（万元）。

练习题 7：因生产周转资金短缺 222 万元，应该贴现 2 个账期的应收账款金额是多少？

练习题 8：假如 2 个账期的应收账款余额为 225 万元，生产周转资金短缺 235 万元，问还需要贴现 1 个账期的应收账款多少金额才能筹足所需资金？

② 3、4 个账期的应收账款贴现利息计算。

3、4 个账期的应收账款贴现或联合贴现，应测算其贴现利息，使贴现利息为整数。

假如直接贴现 3 个账期的应收账款 260 万元，则贴现利息为 260 万元 × 12.5% = 32.5 万元 ≈ 33 万元，多付利息 0.5 万元，如果贴现 264 万元，则利息为 264 万元 × 12.5% = 33 万元。两种贴现方法中，第一种方法实得现金为 260 万元 − 33 万元 = 227 万元，第二种方法实得现金为 264 万元 − 33 万元 = 231 万元，多贴现 4 万元应收账款，实得现金也多 4 万元，贴现利息都是 33 万元。

练习题 9：如果需要现金 225 万元，只能使用 3 个或 4 个账期的应收账款进行贴现，问应该贴现 3 个或 4 个账期的应收账款金额是多少？

2. 特殊费用项目

库存折价拍卖、生产线变卖、紧急采购、订单违约造成的损失计入综合费用表其他损失项目；增减资计入股东资本或特别贷款（均不算所得税）。

3. 关于所得税的计算的详细方法

所得税在 ERP 沙盘中是一个综合概念，大概可以理解成你模拟的企业经营盈利部分所要交的税费。交税满足的条件是：

经营当年盈利（税前利润为正）；

连续弥补了前面至多 5 年亏损后，仍盈利。

这里有一个概念需要明确，所得税是根据应税利润进行计算的，这里的应税利润是按照当年利润与以前累计 5 年的利润弥补了这 5 年年度亏损后的利润，若大于 0，则计算所得税。

以利润表为计算依据最为清晰，下面以实例说明。

【例 6】 企业 6 年的盈利情况和所得税、年度净利润如表 1-10 所示。

表 1-10 所得税计算 单位：万元

年份	第 1 年	第 2 年	第 3 年	第 4 年	第 5 年	第 6 年
税前利润	－10	50	－20	－30	40	130
所得税	0	10	0	0	0	30
年度净利润	－10	40	－20	－30	40	100

第 1 年亏损，不交税，第 2 年盈利 50 万元，补了第 1 年亏损后盈利 40 万元，所得税税率为 25%，所得税则所得税为 10 万元。第 3、4 年亏损，不交税，第 5 年盈利，但不足以弥补第 3、4 年亏损，故不交税。此处要注意，第 1 年虽然亏损，但在第 2 年已经弥补，所以第 5 年不需要再次弥补第 1 年亏损。而第 6 年盈利，需要与未交税的第 3、4、5 年累计计算应税利润，即（－20）＋（－30）＋40＋130＝120（万元），则所得税为 30 万元。

总之，从当年开始，与前面连续无所得税年份（最多 5 年）的税前利润累加，得到应税利润，若大于零，则计算所得税。

ERP 沙盘系统中只取整数，对小数如何处理呢？

【例 7】 所得税按照四舍五入原则不足 1 万元的处理办法，计算资料如表 1-11 所示。

表 1-11 应税利润不足 1 万元的所得税表 单位：万元

年度	第 1 年	第 2 年	第 3 年	第 4 年
税前利润	－160	50	111	5
所得税	0	0	0	2
年度净利润	－160	50	111	3

第 3 年累计税前利润为 1 万元，应税利润为 1 万元，所得税为 0.25 万元，按四舍五入原则，当年不交。由于第 3 年没有交税，则当年 1 万元应税利润要累计到下年，第 4 年税前利润为 5 万元，应税利润为 6 万元，所得税为 1.5 万元，按四舍五入原则，所得税为 2 万元。

【例 8】 所得税超过 1 万元的处理办法，计算资料如表 1-12 所示。

表 1-12　应税超过 1 万元的所得税计算表　　单位：万元

年度	第 1 年	第 2 年	第 3 年	第 4 年
税前利润	−160	50	115	5
所得税	0	0	1	1
年度净利润	−160	50	111	4

第 3 年累计税前利润为 5 万元，应税利润为 5 万元，所得税为 1.25 万元，四舍五入为 1 万元。由于第 3 年交了税，则当年的 1 万元未交应税利润不累计到下年，第 4 年税前利润为 5 万元，应税利润为 5 万元，所得税为 1 万元。

从上述两例可以看出，即使有小数，仍符合以下原则：从当年开始，与前面连续无所得税年份（最多 5 年）的税前利润累加，得到应税利润，若大于零，则计算所得税。

4. 会计报表填写

（1）综合费用表（见表 1-13）。

表 1-13　综合费用表

项　目	金　额
管理费	每年 40 万元
广告费	按实际投放金额填写
设备维护费	按照生产线的类别和数量计算，包括租赁线的租金
其他损失	按照特殊费用项目的损失数额填写
转产费	按实际转产次数与转产费用标准计算
厂房租金	按厂房的类别和租金标准计算
新市场开拓	按实际开发市场数量与费用标准计算
ISO 资格认证	按时投资金额填写
产品研发	按实际研发费用填写
信息费	按照间谍次数与信息费标准计算
合　计	

（2）利润表（见表 1-14）。

表 1-14　利润表

编号	项　目	金　额
（1）	销售收入	当年实际销售金额，不含违约订单金额
（2）	直接成本	按实际销售的产品种类、数量与直接成本计算
（3）	毛利	（3）=（1）−（2）
（4）	综合费用	按综合费用表合计数填写

续表

编号	项　目	金　额
（5）	折旧前利润	（5）=（3）-（4）
（6）	折旧	按当年的生产线折旧金额填写
（7）	支付利息前利润	（7）=（5）-（6）
（8）	财务费用	按当年长短期贷款利息、应收账款贴息、厂房贴息合计数填写
（9）	税前利润	（9）=（7）-（8）
（10）	所得税	按应税利润计算
（11）	年度净利润	（11）=（9）-（10）

注：应税利润为连续5年的税前利润减去亏损后的金额，从第一个未纳税的年份算起。

（3）资产负债表（见表1-15）。

表1-15　资产负债表

项　目	金　额	项　目	金　额
现金	期末实存数	长期负债	长期贷款期末余额
应收账款	期末余额	短期负债	短期贷款期末余额
在制品	在制品总成本	应交所得税	当年计算的所得税数额
产成品	库存成品总成本	—	—
原材料	库存材料总成本	—	—
流动资产合计		负债合计	
厂房	购买厂房的总价值	股东资本	初始投资和追加资本合计数
生产线	所有生产线净值合计数	利润留存	上年利润留存与年度净利合计数
在建工程	在建工程实际投资累计数	年度净利	当年利润表年度净利数
固定资产合计		所有者权益合计	
资产总计		负债和所有者权益总计	

1.4.5　其他规则

1. 销售

订单必须在规定季交货或提前交货，应收账期从交货季开始算起。应收款收回系统自动完成，不需要各队填写收回金额。

2. 取整规则（均精确到或舍到个位整数）

违约金扣除——四舍五入（每张单分开计算）。

库存拍卖所得现金——四舍五入。

贴现费用——向上取整。

扣税——四舍五入。

长短期贷款利息——四舍五入。

3. 重要参数（见表 1-16）

表 1-16　重要参数

指　标	参　数	指　标	参　数
违约金比例	20%	贷款额倍数	3 倍
产品折价率	100%	原料折价率	80%
长期贷款利率	10%	短期贷款利率	5%
1、2 期贴现率	10%	3、4 期贴现率	12.5%
初始现金	600	管理费	10 万元
信息费	1 万元	所得税率	25%
长期贷款最长期限	5 年	最小得单广告额	5 万元
原料紧急采购倍数	2 倍	产品紧急采购倍数	3 倍
选单时间	40 秒	首位选单补时	25 秒
市场同开数	2	“市场老大”	有或无
竞单时间	90	竞单同拍数	3

注意：

- 各市场各产品选单时第一个队选单时间为 65 秒，自第二个队起，选单时间设为 40 秒。
- 初始资金为默认 600 万元。
- 信息费每次每队 1 万元，即交 1 万元可以查看一队企业信息，交费企业以 Excel 表格形式获得被间谍企业详细信息。
- 间谍无法看到对手的选单情况。
- 表中的参数都可以更改，由老师根据实训学生情况修改部分参数，大部分参数不需要更改。

4. 破产处理

当参赛队权益为负（指当年结束系统生成资产负债表时为负）或现金断流时（权益和现金可以为零），企业破产。

5. 竞赛排名

完成预先规定的经营年限，将根据各队的最后分数进行评分，分数高者为优胜。总成绩计算如下：

总成绩＝所有者权益×（1＋企业综合发展潜力/100）－罚分

企业综合发展潜力如表 1-17 所示。

表 1-17 企业综合发展潜力

项 目	综合发展潜力系数
自动线	+ 8/条
柔性线	+ 10/条
本地市场开发	+ 7
区域市场开发	+ 7
国内市场开发	+ 8
亚洲市场开发	+ 9
国际市场开发	+ 10
ISO9000	+ 8
ISO14000	+ 10
P1 产品开发	+ 7
P2 产品开发	+ 8
P3 产品开发	+ 9
P4 产品开发	+ 10
P5 产品开发	+ 11

6. 沙盘实战运营流程（见表 1-18）

表 1-18 沙盘实战运营流程

操作顺序	手工操作流程	系统/手工操作
年初	新年度规划会议	
	广告投放	输入广告费确认
	参加订货会选单/登记订单	选单
	参加竞单会/登记订单	竞单，扣除标书费
	支付应付税	系统自动
	支付长贷利息	系统自动
	更新长期贷款/归还长期贷款	系统自动
	申请长期贷款	输入贷款额并确认
各季度	季初盘点	
	更新短期贷款/短期贷款还本付息	系统自动
	申请短期贷款	输入贷款额并确认
	原材料入库/更新原料订单	需要确认金额
	下原料订单	输入并确认

续表

操作顺序	手工操作流程	系统/手工操作
各季度	购买/租用厂房	选择并确认，自动扣现金
	更新生产/完工入库	系统自动
	新建/在建/转产/租赁/变卖生产线	选择并确认
	紧急采购原料（随时）	随时进行输入并确认
	开始下一批生产	选择并确认
	更新应收款/应收款收现	系统自动
	紧急采购产成品（随时）	随时进行输入并确认
	按订单交货	选择交货订单确认
	产品研发投资	选择并确认
	厂房—出售（买转租）/退租/租转买	选择确认，自动转应收款
	新市场开拓/ISO资格投资	仅第四季度允许操作
	支付管理费/更新厂房租金	系统自动
	出售库存	输入并确认（随时进行）
	厂房贴现	随时
	应收款贴现	输入并确认（随时进行）
	季末盘点	
年末	缴纳违约订单罚款	系统自动
	支付设备维护费	系统自动
	计提折旧	系统自动
	新市场/ISO资格换证	系统自动
	结账	在系统中填制报表，手工摆盘

思考题

根据模拟企业经营规则，描述模拟企业有哪些资源可以利用，你将如何使用这些资源？

第 2 章　初级策略运营企业

实训目标

- 理解企业各部门的职能分工，明确角色任务。
- 选择团队成员，组建模拟经营团队。
- 制订企业经营计划。
- 按计划运营企业。

ERP 沙盘模拟课程是将模拟企业作为课程主体，通过构建仿真企业环境，模拟真实企业的生产经营活动，企业运营的关键环节设计，如战略规划、资金筹集、市场营销、产品研发、生产组织、材料采购、设备投资与维护、会计核算与财务管理等，为该实训课程的主体内容，企业运营所处的内外部环境抽象为一系列的规则，由受训者组成若干个相互竞争的管理团队，团队成员扮演着不同的角色，在变化的市场竞争环境中，利用所知所学和经营规则开展企业生产经营活动，在模拟经营体验中获取企业管理经验，认识资源合理配置和有效利用，对于提高企业经营绩效和持续发展有重要意义。

2.1　经营团队组建

任务描述

全班随机分组，每 5 人组成一个经营小组，每个经营小组构成一个模拟经营企业。全班分成若干个竞争性企业，每个企业自拟公司名称、设定企业口号（经营宗旨或者发展愿景）。每个企业设置首席执行官、营销总监、生产总监、财务总监和采购总监等几个关键岗位，由团队成员根据个人意愿和能力担任不同的角色，每个角色具有相应的岗位职责，每个角色扮演者根据各自岗位职责做好自己的工作，并积极为企业的发展出谋划策。

2.1.1　首席执行官

首席执行官（CEO），负责对公司的一切重大经营事项进行决策。在模拟经营过程中，由

CEO 带领团队成员开展各项经营活动，企业所有的决策均由 CEO 带领团队成员共同完成，如果大家意见相左，由 CEO 拍板定案。其职责如图 2-1 所示。

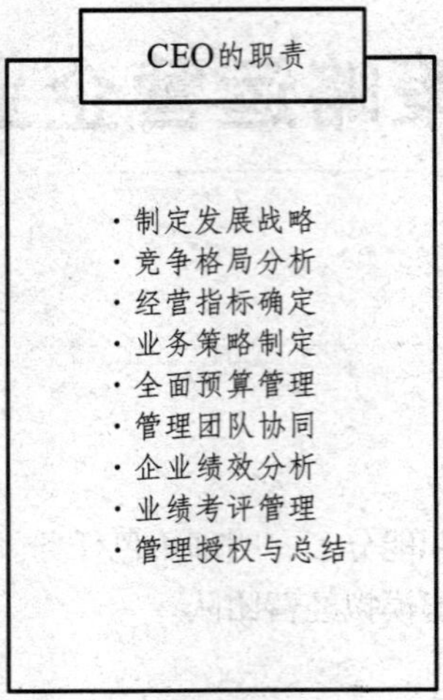

图 2-1　CEO 的职责

2.1.2　营销总监

营销总监（Chief Marketing Officer，CMO）的职责是开拓市场和销售管理。其具体工作任务如图 2-2 所示。

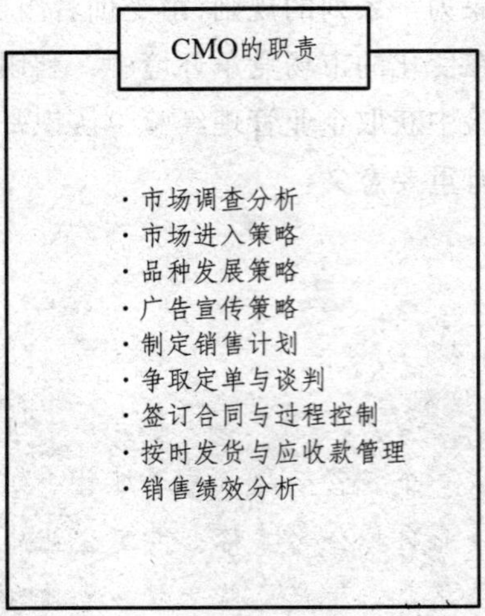

图 2-2　CMO 的职责

营销总监要根据企业的发展需要，有计划地开拓市场，为企业发展创造广阔的销售空间和良好的市场环境，力求实现销售增长。另外，营销总监应该分析、预测市场及客户需求，制订销售计划，有策略地进行广告投放，取得与企业生产能力相匹配的客户订单，与生产部门做好沟通，保证按时交付订单，监督货款的回收，进行客户关系管理。

2.1.3　生产总监

生产总监（COO）是企业生产部门的核心人物，对企业的一切生产活动进行管理，并对企业的一切生产活动及产品负最终的责任。生产总监既是计划的制定者和决策者，又是生产过程的监控者，对企业目标的实现负有重大的责任。生产总监通过计划、组织、指挥、协调和控制等手段进行生产管理工作，保证各项生产活动有序、高效运行，促进资源配置更加合理和资源利用效率进一步提高，为企业创造最大经济效益。其具体工作任务如图 2-3 所示。

COO的职责

- 产品研发管理
- 管理体系认证
- 固定资产投资
- 编制生产计划
- 平衡生产能力
- 生产车间管理
- 产品质量保证
- 成品库存管理
- 产品外协管理

图 2-3　COO 的职责

2.1.4 采购总监

采购总监（CPO）负责原材料的采购和仓库管理工作。采购总监负责编制并实施采购供应计划，在合适的时间点以合理的价格采购符合质量要求的材料品种和数量，为企业生产做好后勤保障。采购总监还要做好库存控制工作，把原材料和成品品种及数量控制在合理的范围之内，保障生产和销售工作的顺利进行。其职责如图 2-4 所示。

CPO的职责

- 编制采购计划
- 供应商谈判
- 签订采购合同
- 监控采购过程
- 到货验收
- 仓储管理
- 采购支付抉择
- 与财务部协调
- 与生产部协同

图 2-4 COS 的职责

2.1.5 财务总监

在企业中，财务与会计的职能常常是分离的，它们有着不同的目标和工作内容。会计主管主要负责日常现金收支管理，定期核查企业的经营状况，核算企业的经营成果，制定预算及对成本数据进行分类和分析。财务总监（CFO）主要负责资金的筹集和管理，做好现金预算，管好、用好资金。在这里，将财务与会计的职责归并到财务总监，其主要职责是管好现金流，按需求支付各项费用和核算成本，及时报送报表并做好财务分析，对现金流进行预测，采用经济有效的方式筹集资金，并将资金进行合理调配。其具体的工作任务如图 2-5 所示。

CFO的职责

- 日常财务记账和登账
- 向税务部门报税
- 提供财务报表
- 日常现金管理
- 企业融资策略制定
- 成本费用控制
- 资金调度与风险管理
- 财务制度与风险管理
- 财务分析与协助决策

图 2-5 CFO 的职责

组建企业管理团队后，企业管理团队要筹划企业的发展，在变化和竞争的市场环境中开展企业运营，企业能否顺利经营取决于团队成员的共同努力，每个成员要贡献自己的知识和经验，分工协作、包容并进、团结互助、勇于创新、敢于尝试，在不断地试错和纠错中总结经验，探索企业资源配置和企业运营管理的规律，不断提升团队的协作水平和沟通交流能力，培养科学精神，培养形成用专业思维和人文思想进行思考和解决问题的能力。

想一想

你适合什么岗位？针对这些岗位所需的技能，你需要加强哪些方面的才能？

2.2 制订企业经营计划

任务描述

经营团队进行市场分析，选择企业的经营业务；合理配置，组建企业生产运作系统；依照沙盘经营规程运营企业；进行经营结果的总结和评价。

2.2.1 企业经营的基本规律

企业是通过向消费者或用户提供产品或服务来实现盈利和持续发展目标的。企业的生产经营活动是以顾客为中心，以顾客需求为导向，利用企业的经济资源为顾客创造价值并同其进行交换的过程。企业的经营业务需要不断地调整与变更以适应市场环境的变化，因而需要不断整合资源甚至改变组织结构与文化来推动企业经营业务的调整与执行，通过资源优化配置和提高管理水平以增强企业的盈利能力和竞争实力，不断建立和发展新的竞争优势，逐步实现企业的发展目标。

企业最基本的目标是维持生存，在此基础上不断追求盈利和发展壮大。

当企业经营遇到困难，出现生产停滞和销售困难，这时企业的首要目的就是维持生存，应尽力开拓渠道以增加销售，同时果断进行战略调整，努力扭转不利局面，帮助企业起死回生。

企业的盈利来自销售的增加和成本的降低。利润来源于销售收入，销售收入由销售数量和销售单价两个因素决定。在沙盘模拟系统中，产品的销售价格是由系统设定的，因此，在沙盘企业经营中，要想取得利润的增长，只有提高销售数量和降低成本两种途径。

要提高销售数量：一是开拓新市场增加销售渠道；二是开发新产品提高销售量；三是开发新产品和开拓新市场并用。

要降低成本：一是降低产品的直接成本；二是降低间接费用。在沙盘中，直接成本是无法降低的，只有通过降低间接费用来增加企业的盈利。而降低间接费用的方法之一就是生产线和融资方式的合理搭配，其次就是广告的合理投放，这些措施都属于资源的合理配置和有效利用范畴。通过提高资源配置和利用的水平、加大对市场需求的研究和竞争对手的了解、提高对产品生产与市场销售的洞察力、加强融资成本控制等多种途径和方法的利用，从整体上降低企业的经营费用，以较低的成本开展竞争，扩大盈利空间。

要把提高销售数量和降低成本的办法结合起来，形成企业的生产经营策略，并在经营过程中根据市场需求和竞争态势的变化进行调整，运用应变与适应的企业经营管理策略来促进企业的长期健康发展和战略目标的实现。

2.2.2 沙盘模拟企业经营原理

企业的生产经营活动是在市场分析的基础上有计划有组织地进行的。开展沙盘模拟企业经营，首先要进行市场需求分析，决定企业的经营业务和经营规模，然后进行厂房购置、生产线建设、产品研发、市场开发和产品质量认证等各项生产准备活动，为企业的生产和销售工作建立完备条件。

本沙盘模拟企业是一个初创的无任何经营业务的制造企业，需要从基本建设项目和辅助经营项目开始完成企业的生产运营系统建设，然后进行产品销售、材料采购、组织生产、订单交货等生产运营管理活动，以及在此基础上的生产扩大和销售活动，通过生产和销售的连续循环来实现业绩增长和企业的发展壮大。

沙盘模拟企业经营原理根据黑箱原理可以分解为投入、经营过程和产出三部分，如表 2-1 所示。

表 2-1　沙盘模拟企业经营原理

投入	经营过程	产出
经济资源： • 股东资本：700 万元 • 融资额度：所有者权益×3 第一年最大可用经济资源 =初始投资资金+融资额度 =700 万元+2100 万元 =2800 万元	**生产准备活动**： • 厂房购置； • 生产线购置； • 产品研发； • 材料采购； • 产品质量认证； • 市场开发等。 **生产与销售活动**： • 广告投放； • 销售订单； • 产品生产； • 订单交货； • 材料采购等。 **其他辅助活动**： • 融资； • 贷款本息偿还； • 其他费用支付； • 会计核算与报表填制等。	**过程性指标**： • 销售量（额）增长； • 利润增长； • 资产增加； • 销售利润率； • 资产收益率； • 市场份额等。 **终结性指标**： • 权益增长； • 企业发展潜力增长。 **经营排名**： 积分=权益×企业发展潜力系数

企业投入的资源有股东初始投资、规则允许的融资。软件默认的股东初始投资 600 万元，学生初次实训时，可以灵活设置。这里设置为 700 万元，让学生在相对宽松的资金条件下开展生产经营实训。根据融资规则，企业有贷款额度 2100 万元，加上初始现金 700 万元，共计 2800 万元的资源可以利用。这些资源要在经营准备活动、生产销售活动和其他辅助活动之间进行分配，既要满足企业生产准备活动的资金需要，又要保证企业生产经营活动和其他辅助活动的资金需求。

企业经营结果分为过程性指标和终结性指标。过程性指标分为销售量（额）、利润、资产以及其他指标，其中销售量（额）增长能够促进利润增长，利润增长能够增加企业资产和所有者权益。终结性指标分为所有者权益和企业发展潜力，模拟经营综合排名就是根据这两项指标计算的经营得分进行排序的。

中间的黑箱部分就是企业的经营过程，分为生产经营准备活动、产品生产与销售活动及其他活动。模拟企业的生产准备活动包括厂房与生产线的购置、产品研发、ISO 投资、市场开发和材料的采购等项目，这些项目的建设要在企业的生产业务和生产规模决定之后，按照产品计划生产时间、经营规则、生产运行原理等因素综合考虑来安排其建设进度和先后顺序。

通过合理分配资源，将企业生产运营系统建设成高效率、低成本、柔性化的具有高度竞争力的系统。企业的生产与销售活动包括广告投放、选取销售订单、产品生产、订单交货、材料采购等工作，这些工作计划要根据产品生产计划或产品销售计划来决定和安排，广告投放是关键，能够争取足量的订单，就能保障企业的生产系统满负荷运行，既提高了销售，又避免了资源的闲置和浪费。

企业不仅仅要追求销售额、利润等财务目标，还要追求市场地位、核心竞争力、管理能力、组织文化建设等各种非财务目标。沙盘模拟企业经营得分是所有者权益和企业发展潜力指数的乘积，按综合经营得分衡量经营成果体现了现代企业管理理论关于企业经营目标的多元均衡发展思想，不再是过去那种只追求利润最大化的认识。现代企业管理理论认为，企业在追求利润的同时，也要考虑市场份额、品牌影响力、顾客流失率、顾客满意度、产品质量等其他衡量指标，还要考虑企业的社会责任和经营活动对环境产生的影响。

2.2.3 生产运营系统建设

模拟企业在完成基本建设和相关辅助经营活动之后才能进行产品的生产和销售。在进行相关生产准备活动时，根据企业经营规则和生产运作关系，考虑运营成本因素，科学规划各项目的建设进度，使各个项目构成一个完整、统一的生产运营系统，具备产能优势、成本优势和弹性可调节等特征，以便在与其他经营团队的竞争中确立明显的竞争优势。

生产运营系统建设的具体要求是，各项目的前后关系和各项目间的联系不能与经营规则相冲突，比如，4 条生产线必须对应有容量超过或等于 4 条生产线的厂房数量。各项目间的联系要符合生产运营逻辑，比如在建设生产 P2 的生产线时，应该同时研发 P2。在建设生产运营系统时，要设计尽可能多的相同产能的建设方案，每种方案的要素组合要经过优化，然后在优化了的各方案间进行横向对比，选择一个成本较低又符合长远发展规划的建设方案。

在生产运营系统建设中，首要问题是决定生产业务组合，即根据市场需求的大小和产品的盈利能力等因素确定要生产的产品品种。

在生产业务组合确定后，就要制定生产的时间和计划，决定生产时间最重要的因素是生产线建设周期和产品研发周期，要将这两项因素结合起来考虑产品生产时间。在第一年进行生产线建设，由于生产费用较高和产能较低，一般不考虑租赁线和手工线，且这两类生产线即租（购）即用，不需要提前购置。在自动线、柔性线建设与产品研发的组合中，考虑它们的完成周期和生产线维护费与折旧费等因素，除 P4 产品外，其余产品的生产时间一般确定为第二年第一季度比较合适。以研发周期较短的 P2 产品来说，如果在第一年用自动线进行生产，只能生产一个季度，这就需要自动线要在第一季度开建、第四季度完工，导致该自动线需要在第一年缴纳维护费、第二年既交维护费又计提折旧，使得第一年、第二年增加的运营费用远大于一个 P2 产品的销售毛利，因此，自动线第一年建成完工不合理，需要规划至第二年年初完工更为合理。同样地，不能用自动线在第一年生产 P1 产品。照此原因，用租赁线生产 P1 或 P2 产品更不经济。另外，在整个模拟经营周期内，第二年是极为关键的一年，由于市场占有量少，市场竞争激烈，资金周转紧张，第一年基础建设产生了大量费用，在此期间任何资源配置和利用的不当都可能导致额外费用的增加，既消耗了现金又给企业的权益造成极大的压力，稍有不慎便会导致企业破产。

在生产时间确定后，就可以安排生产线、厂房、产品研发、材料采购、市场开发与产品质量认证等各项活动开展的具体时间了（见表 2-2）。生产线完工时间与计划生产时间一致，材料采购时间按生产时间根据采购提前期的时长往前倒推，产品研发在生产之前完成，市场开发与产品质量认证一般全部投资。材料采购计划要保证材料及时到货不影响生产，当生产时间定为第二年第一季度后，生产所需的 R3 和 R4 材料需要在第一年第三季度采购，R1 和 R2 材料在第一年第四季度采购，材料采购频率按生产周期安排。

表 2-2　第一年生产准备活动进程表

<table>
<tr><th colspan="2" rowspan="2">时间</th><th colspan="3">生产线建设</th><th colspan="4">产品研发</th><th rowspan="2">材料采购</th></tr>
<tr><th>自动</th><th>柔性</th><th>租赁与手工</th><th>P1</th><th>P2</th><th>P3</th><th>P4</th></tr>
<tr><td rowspan="4">第一年</td><td>Q1</td><td></td><td>新建</td><td rowspan="4">租赁线、手工线在投产当季置办</td><td>研发</td><td>研发</td><td>研发</td><td>研发</td><td></td></tr>
<tr><td>Q2</td><td>新建</td><td>续建</td><td>研发</td><td>研发</td><td>研发</td><td>研发</td><td></td></tr>
<tr><td>Q3</td><td>续建</td><td>续建</td><td></td><td>研发</td><td>研发</td><td>研发</td><td>R3、R4</td></tr>
<tr><td>Q4</td><td>续建</td><td>续建</td><td></td><td></td><td>研发</td><td>研发</td><td>R1、R2、R3、R4</td></tr>
<tr><td colspan="2">第二年 Q1</td><td>投产</td><td>投产</td><td>投产</td><td>投产</td><td>投产</td><td>投产</td><td>研发</td><td></td></tr>
<tr><td colspan="2"></td><td></td><td></td><td></td><td></td><td></td><td></td><td>投产</td><td></td></tr>
</table>

注：厂房在生产线开始建设或租赁时购置；市场开发与质量认证每年年末进行一次；材料采购是按一个季度的生产周期进行计划的。

在第一年的生产准备活动规划就绪后，就要计划第二年的生产活动项目，这些项目基本都是第一年项目的延续，只需按规程一一列出。把第二年所有的生产活动项目和一些费用支出项目，与第一年的所有建设项目一起计算所需要的资金，然后规划贷款活动。贷款可以全部采用长期贷款或者采用长短期贷款结合，自有资金和贷款资金要保障企业生产活动所产生的现金流量能够满足正常周转为宜，销售订单正常交货后可以利用应收账款贴现来维持生产运转，但也要均衡贷款利息和贴现费用此消彼长的问题。

所设计的生产运营系统是否是低成本的，就需要在同一产量水平下，变换生产线和贷款方式的组合形成多种方案，然后测算每种方案的总运营费用，通过优中选优的方式确定更低成本的方案进行评估，最终选出中意的方案。

练习题 1：计算两种自动线建设方案的两年总费用，说说哪一种建设方案比较合理？

<table>
<tr><th rowspan="2">方案</th><th colspan="4">建设进程</th><th rowspan="2">完工时间</th><th rowspan="2">第一年维护费</th><th rowspan="2">第二年维护费</th><th rowspan="2">第二年折旧费</th><th rowspan="2">费用总计</th></tr>
<tr><th>第一年 Q1</th><th>第一年 Q2</th><th>第一年 Q3</th><th>第一年 Q4</th></tr>
<tr><td>一</td><td>开建</td><td>续建</td><td>续建</td><td>完工</td><td>第一年</td><td></td><td></td><td></td><td></td></tr>
<tr><td>二</td><td></td><td>开建</td><td>续建</td><td>续建</td><td>第二年</td><td></td><td></td><td></td><td></td></tr>
</table>

练习题 2：制订 3P2、3P3 产品组合的经营计划。

单位：万元

时间		厂房	生产线	产品研发	管理费	材料采购	资金需求	现金流量	
								融资	期末余额
第一年初		期初现金 700							
第一年	Q1								
	Q2								
	Q3								
	Q4								
合计									
第一年末		市场开发与 ISO 投资：							
第二年初		广告投放：　　长贷利息：							
时间		厂房	产品生产	产品研发	管理费	材料采购	资金需求	融资	现金余额
第二年	Q1								
	Q2								
	Q3								
	Q4								
年末支出		市场开发与 ISO 投资：　　生产线维护费：							

练习题 3：制订 4P1、4P4 产品组合的经营计划。

单位：万元

时间		厂房	生产线	产品研发	管理费	材料采购	资金需求	现金流量	
								融资	期末余额
第一年初		期初现金 700							
第一年	Q1								
	Q2								
	Q3								
	Q4								
合计									
第一年末		市场开发与 ISO 投资：							
第二年初		广告投放：　　长贷利息：							
时间		厂房	产品生产	产品研发	管理费	材料采购	资金需求	融资	现金余额
第二年	Q1								
	Q2								
	Q3								
	Q4								
年末支出		市场开发与 ISO 投资：　　生产线维护费：							

2.3　企业初始经营

任务描述

对市场预测资料进行分析，了解其他经营团队的经营意向，确定本团队的经营业务，制订简单的业务经营计划，完成一个周期的生产运营。

2.3.1　市场环境分析

任何企业都是在一定的市场环境下生存和发展的。市场环境的发展和变化，给企业的生存和发展提供了机会，也带来了威胁。

通过市场环境的分析，企业能识别营销机会和发现环境威胁，以提高企业应对环境的能力。机会是指在市场环境中所出现的对企业经营活动具有吸引力的领域，在这一领域内，企业拥有竞争优势就有得到更多经营成果的可能性。威胁是指市场环境中所出现的不利的发展趋势及由此形成的挑战。

分析环境时，企业经理人员需要按照环境“是什么”而不是“应是什么”的思维方法进行。

分析市场环境时，分析人员要判断环境中出现的对企业经营有利的和不利的因素，甄别哪些是机会，哪些是威胁，并评估其影响程度。具体分析时，采用矩阵分析法（见图 2-6），将环境中的威胁因素按照威胁的严重程度和出现的概率高低标注在矩阵坐标中，将机会因素按照吸引力高低和成功概率高低标注在矩阵坐标中，分别确定威胁因素和机会因素的属性，然后将其威胁分析矩阵和机会分析矩阵合并，得到“威胁—机会组合矩阵”，运用该矩阵分析，可以得到四种业务：

（1）理想业务：即机会大和威胁低的业务；

（2）冒险业务：即机会大和威胁高的业务；

（3）成熟业务：即机会小和威胁低的业务；

（4）困难业务：即机会小和威胁高的业务。

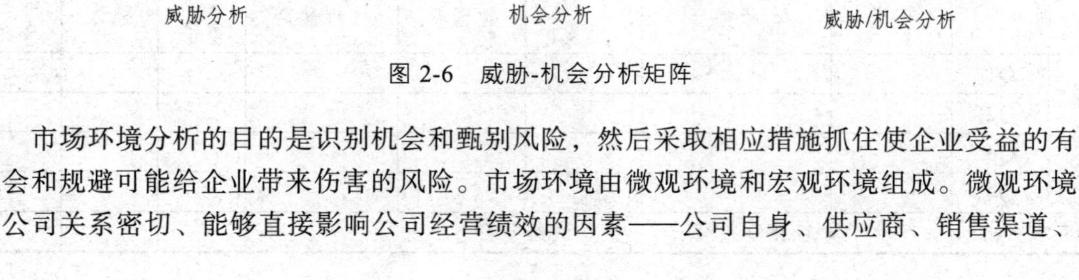

图 2-6　威胁-机会分析矩阵

市场环境分析的目的是识别机会和甄别风险，然后采取相应措施抓住使企业受益的有限机会和规避可能给企业带来伤害的风险。市场环境由微观环境和宏观环境组成。微观环境指与公司关系密切、能够直接影响公司经营绩效的因素——公司自身、供应商、销售渠道、顾客、竞争对手和公众等。宏观环境指能够影响整个微观环境的广泛的社会性因素——人口、经济、自然环境、技术、政治和文化因素，这些因素对企业的影响是间接的。

影响沙盘模拟企业经营的市场环境因素，由提供产品需求信息和价格信息的市场预测资料、作为竞争对手的各经营团队构成。市场预测提供了各产品在各市场的总需求数量、产品平均价格和订单数量的分布及其变化资料。其他经营团队生产产品的种类和数量会同本方团队的生产与销售形成竞争压力，要密切关注其他团队尤其是与本队直接竞争的重要对手的经营动向。各个经营团队要对各种产品在各类市场的需求量、价格的变化趋势进行分析，对竞争对手的发展目标、产品策略和竞争策略进行研究，选择市场前景较好、盈利能力较强和竞争相对较弱的产品品种作为本队的经营业务。在选择经营业务和经营策略时，要与团队自身的经营管理能力和资源配置能力相匹配，切勿好高骛远或者过于消极保守。

对市场预测资料的分析，可以借助 Excel 工具绘制直方图和折线图，可以非常直观地展示各种产品的市场需求、价格和订单的变化过程。图 2-7 ~ 图 2-9 分别显示了本地市场各产品的市场需求量、市场平均价格和市场订单数的变化。通过这样的示例分析，可以总结每个市场上各产品需求量、价格和订单数量在未来几年的变化趋势和变化特点，能够为重要决策提供可靠依据。

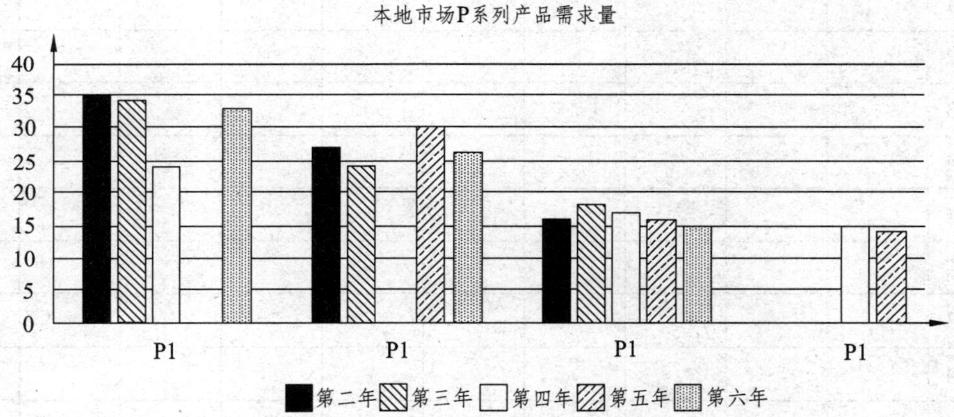

图 2-7　本地市场 P 系列产品市场需求量

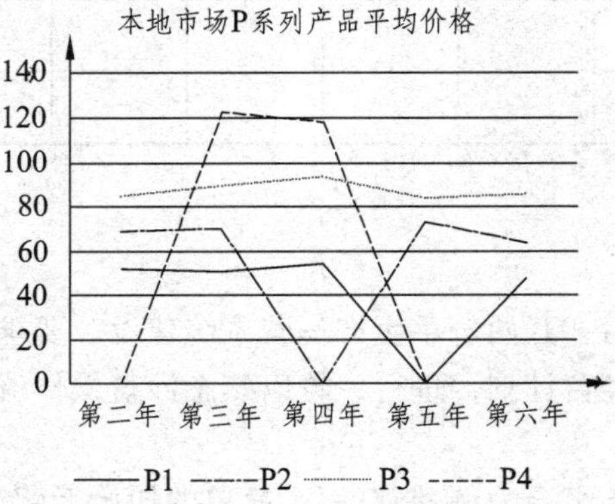

图 2-8　本地市场 P 系列产品市场均价

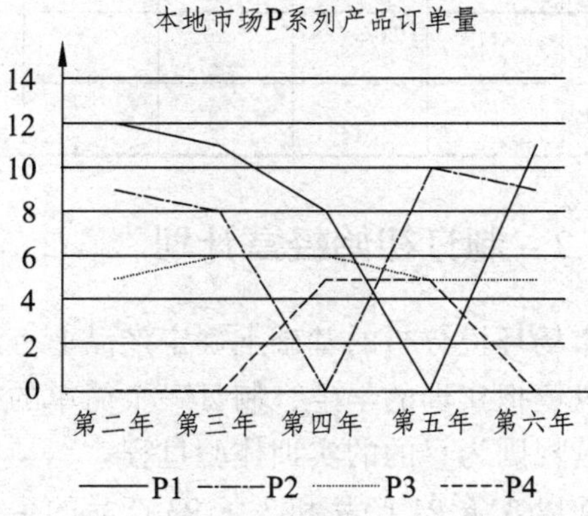

图 2-9　本地市场 P 系列产品市场订单量

练习题：根据市场预测资料分析区域、国内、亚洲、国际市场上各产品的需求量和价格变化，并做出产品业务选择决策。

市场与产品		第二年		第三年		第四年		第五年		第六年	
		需求	价格	需求	价格	需求	价格	需求	价格	需求	价格
本地	P1										
	P2										
	P3										
	P4										
区域	P1										
	P2										
	P3										
	P4										
国内	P1										
	P2										
	P3										
	P4										
亚洲	P1										
	P2										
	P3										
	P4										
国际	P1										
	P2										
	P3										
	P4										

2.3.2 制订初始经营计划

在市场环境分析的基础上确定产品业务组合后，开始着手生产运营系统建设。要求初次参加沙盘模拟实训的学生，制订一个简单的初始经营计划，进行一轮以熟悉沙盘操作流程和理解经营规则为目的的实训体验过程。

下面以 3 条 P1 产品和 3 条 P3 产品的生产业务组合为例，制订一个简单的初始运营计划，如表 2-3 所示。

表 2-3　3P1 和 3P3 产品组合业务初始经营计划　　　　单位：万元

时间		厂房	生产线	产品研发	管理费	材料采购	资金需求	现金流量 融资	现金流量 期末余额
第一年初		期初现金 700						2100	2800
第一年	Q1	大厂房 40	新建 2 柔，100	P1、P3，20	10		170		2630
	Q2	大厂房 40	新建 4 自，在建 2 柔，300	P1、P3，20	10		370		2260
	Q3		4 自 2 柔，300	P3，10	10	3R3、3R4	320		1940
	Q4		4 自 2 柔，300	P3，10	10	6R1、3R3、3R4	320		1620
合计		80	1000	60	40	—	1180	2100	1620
第一年末		产品认证、市场开发共 25＋50＝75					75		1545
第二年初		广告投放：150　长贷利息：210					360		1185
时　间		厂房	产品生产	产品研发	管理费	材料采购	资金需求	融资	现金余额
第二年	Q1	续租厂房 40	加工费 60		10	更新 120 采购同前	230		955
	Q2	续租厂房 40	加工费 60		10	更新 120 采购同前	230		725
	Q3		加工费 60		10	更新 120 采购同前	190		535
	Q4		加工费 60		10	更新 120 采购同前	190		345
第二年末		市场开发及质量认证：55；生产线维护费 6×20＝120					175		170

初次实训以熟悉经营规程为主，一般不建议扩大产能，将现有产品业务经营到底。如果选择扩大产能，首选将现有的产品业务推广到新开发的市场，其次选择开发新产品在现有市场或新市场展开销售。市场可以选择部分开发或全部开发，部分开发会丧失在亚洲和国际市场的销售机遇。市场与产品进行组合，可以衍生出许多不同的竞争策略。

2.3.3　沙盘企业经营计划的实施与执行

1. 电子 ERP 沙盘运营流程

（1）年度运营总流程。

新商战沙盘系统模拟运营企业 6 个年度，每个年度分设 4 个季度。年度运营总流程如图 2-10 所示。

（2）年初运营流程。

年初企业运营流程包括年度规划、投放广告、支付广告费、支付所得税、参加订货会、长期贷款。具体运营流程如图 2-11 所示。

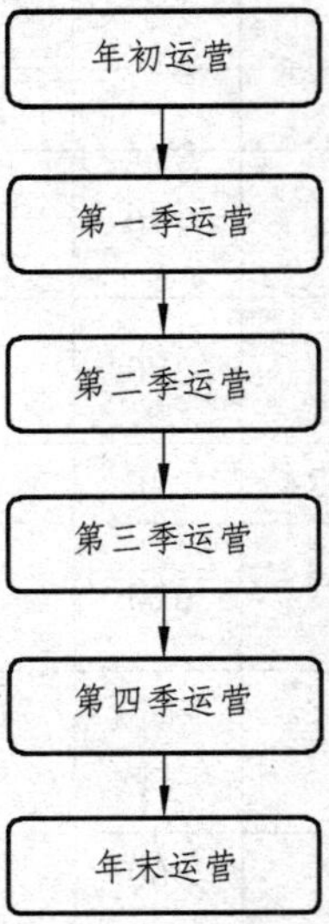

图 2-10　模拟企业年度运营总流程

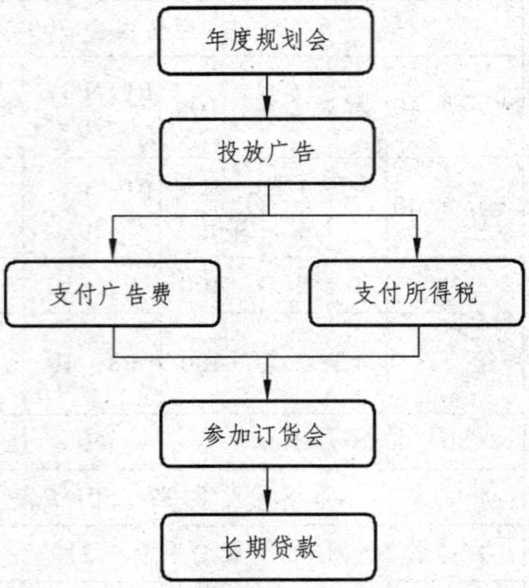

图 2-11　年初经营流程

（3）每季度运营流程。

模拟企业每季度运营流程如图 2-12 所示。

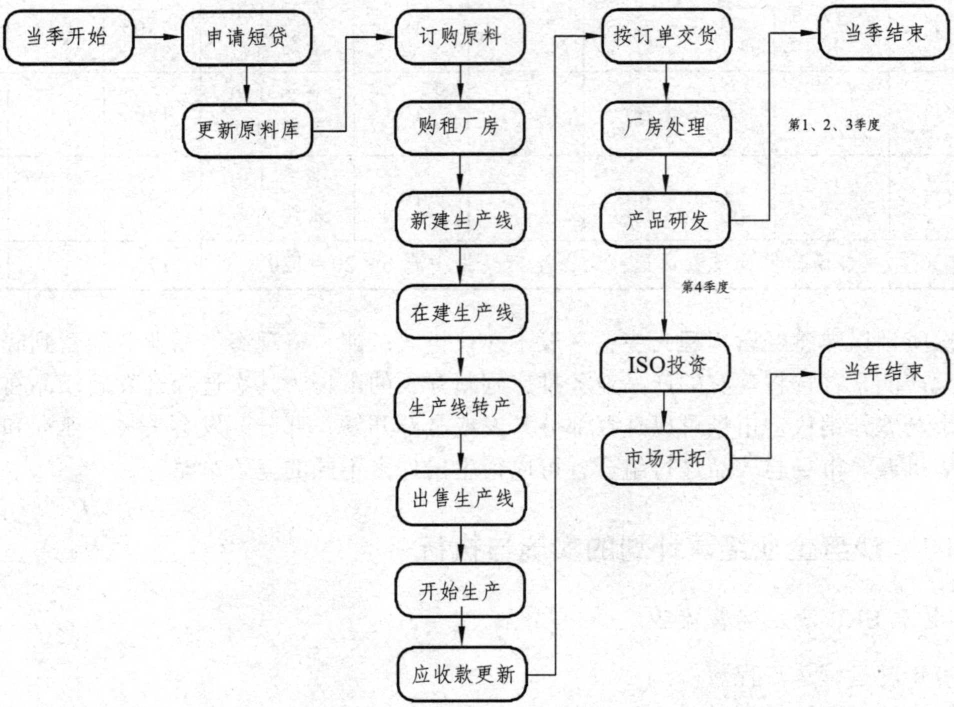

图 2-12　模拟企业每季度运营流程

（4）年末运营流程。

年末运营流程主要包含填写报表和投放广告。具体运营流程如图 2-13 所示。

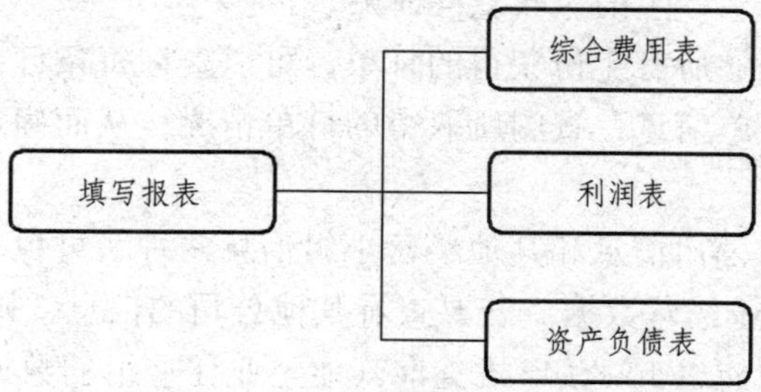

图 2-13　模拟企业年末运营流程

（5）流程外运营操作。

除上述运营流程外，企业随时可进行以下运营操作。流程外运营操作如图 2-14 所示。

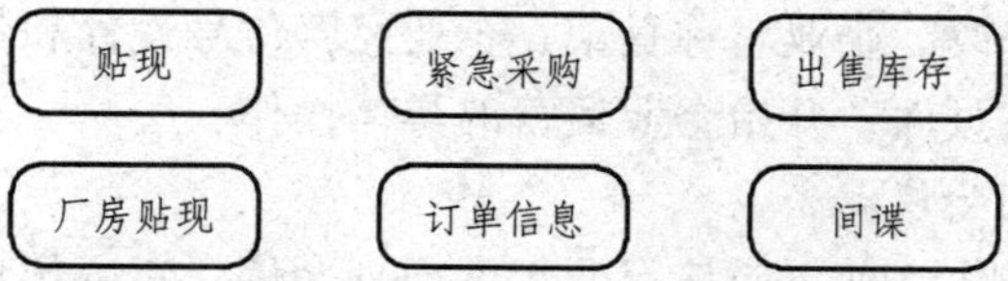

图 2-14　流程外运营操作事项

贴现是指将未到期的应收账款拿到银行去兑现，银行按照贴现利率扣除利息后将剩余款项支付给收款人。贴现利息的公式为

贴现利息 = 贴现金额 × 贴现率

一般，企业短期存在现金短缺且无法通过成本更低的正常贷款取得现金流时才考虑使用。

【例 1】　假定应收账款账期为 1Q 和 2Q 的应收款贴现率为 10%，账期为 3Q 和 4Q 的应收款贴现率为 12.5%，若将该账期为 2Q、金额为 10 万元的应收账款与账期为 3Q、金额为 20 的应收账款同时贴现，则

贴现利息 = 10 × 10% + 20 × 12.5 = 3.5 万元 ≈ 4 万元（规则规定贴现利息一律向上取整）

实收金额 = 10 + 20 − 4 = 26 万元

贴现后收到的 26 万元，当即增加企业现金，产生的贴现利息 4 万元，作为财务费用入账。

紧急采购是为了解决材料或产品临时短缺而进行的，企业原材料订购不足或产品未能按时生产出来，均可能造成产品订单不能按时交货而出现订单违约，导致失去该订单收入和支付违约损失。为避免该损失，企业可通过紧急采购少量的短缺原材料或产品，满足生产或交货的需要，从而使产品订单按时交货。紧急采购价格一般比正常的采购价格要高很多，软件系统默认材料紧急采购为正常价格的 2 倍，成品为直接成本的 3 倍。操作时，既可以紧急采购原材料，也可以紧急采购成品。

出售库存是指企业将库存的原材料或产品直接按成本价的一定折扣比例出售。企业一般只有在资金极度短缺时才会考虑出售库存。

厂房贴现是将厂房卖出（买转租）产生的应收款直接贴现取得现金。它与厂房处理中的卖出（买转租）的区别在于：卖出（买转租）操作时产生的应收款并未直接贴现，而厂房贴现是直接将卖出（买转租）产生的应收款同时贴现掉。

订单信息显示当前企业所有年份获得的订单，可以查询每条订单的完成时间、状态等信息。企业随时可点击"订单信息"查阅所取得的订单情况，从而确定生产安排、交货安排等情况。

间谍中显示获得自己公司信息和其他经营小组信息两种，可免费获取自己公司信息，以 Excel 形式查阅或保存企业经营数据。若要查看其他公司的信息，则需支付教师/裁判在参数设置中设定的间谍费，才能以 Excel 形式查询其他企业任一组的数据。

2. 第一年运营操作要点

（1）学生登录与注册。

学生在浏览器 IP 地址栏内输入软件登录的 IP 地址，在弹出的窗口输入账号和密码，进入注册页面，进行密码修改、企业名称登记、企业经营口号设计和各职位角色分配等内容的填写，然后进入学生端主页面，开始企业运营的具体操作。

（2）第一年年度规划会议。

在开始软件的正式操作之前，应该召开年度规划会议。年度规划会议在每运营年度开始时召开，在软件中无须操作。年度规划会议一般由团队的 CEO 主持召开，会同团队中的采购、生产、销售等负责人进行全年的市场预测分析、广告投放、订单选取、产能扩张、产能安排、材料订购、订单交货、产品研发、市场开拓、筹资管理和现金控制等方面的分析和决策规划，最终完成全年运营的财务预算。第一年的年度规划会议就是按照经营方案的内容，讨论生产线和厂房的具体操作计划、市场开发、ISO 投资和产品研发诸项目的投资进程、融资计划的执行等。

前述的表 2-3 详细列出了 3P1、3P3 产品组合业务的生产线布置、产品研发、市场开发、筹资、材料采购等项目的具体规划。表 2-4 是 3P1、3P3 产品组合业务的产能布置和产量计划。

表 2-4 3P1、3P3 产品组合业务产能布置和产量计划

时间		柔性线 1	柔性线 2	自动线 1	自动线 2	自动线 3	自动线 4	产量分布
第二年	Q1	投产 P1	投产 P3	投产 P1	投产 P1	投产 P3	投产 P3	—
	Q2	P1	P3	P1	P1	P3	P3	3P1、3P3
	Q3	P1	P3	P1	P1	P3	P3	3P1、3P3
	Q4	P1	P3	P1	P1	P3	P3	3P1、3P3
合计		3P1	3P3	3P1	3P1	3P3	3P3	9P1、9P3

（3）各季度主要工作。

软件中的运行企业，执行事先制订的企业经营计划。软件操作的第一步就是申请长期贷款，根据经营方案中的融资方案进行长期贷款的申请操作。长期贷款的最长年限为 5 年，一般申请 5 年长期贷款，低于 5 年一般无力偿还。

申请长期贷款后，开始本年度的运营。第一季度一般进行厂房购租、新建生产线和产品研发的操作，第二季度进行厂房购租、在建生产线的续建和产品研发操作，第三季度除进行在建生产线的续建和产品研发工作外，有可能要进行材料 R3 和 R4 的采购工作，第四季度需要操作的项目有材料采购、在建生产线、产品研发、市场开发和 ISO 投资，操作完成后结束当年操作，进入第二年的操作运营。

除按软件规程操作事先计划好的经营项目外，还需要了解软件操作的每一个节点上系统自动执行的项目。每个季度开始，系统自动执行到期短期贷款的还本付息、更新生产、产品完工入库、生产线完工和转产完工等工作。每个季度末，系统要进行管理费支付、厂房续租、产品开发完成情况检测等事项。年末要执行管理费支付、厂房续租、产品开发完成情况检测、市场开发情况检测、ISO 资格认证情况检测、设备维修费支付、折旧计提和违约扣款等事项。了解这些操作事项，便于我们制订运行计划和编制资金预算。

（4）材料采购。

表 2-5 显示了 3P1 和 3P3 产品组合业务所需要的材料采购数量。根据采购规则，R3 和 R4 按照生产时间提前二季度采购，R1 和 R2 提前一季度采购，故应在第一年第三季度采购 R3 和 R4 材料，第四季度采购 R1 材料，本次生产任务不需要采购 R2 材料。由于生产是连续进行的，在采购 R1 材料的同时，还需要为下下季度的生产采购 R3 和 R4 材料，所以第四季度需要采购 R1、R3 和 R4 材料，以后每次采购材料都与第四季度相同。

表 2-5　3P1 和 3P3 产品组合业务材料采购数量计算表

产品及数量	R1	R2	R3	R4
3P1	3×1	—	—	—
3P3	3×1	—	3×1	3×1
合计	6	—	3	3

材料采购可以在按计划产量计算出的材料采购数量基础上适当增加机动材料的数量，以便在产品订单和产量计划不一致时转产使用，机动材料数量根据柔性线数量和产能增加潜力确定。在拿到销售订单后，按订单交货期和产品数量进行简单的交货编排，然后编制产品生产进度表，根据生产进度表在第二年第一季度将上年多订或少订的材料调整过来。每年的三、四季度是订购下一年一、二季度材料的时间，由于下一年订单情况不明，需要订购机动材料数量，下一年一季度再根据实际订单把多订或少订的材料调整过来。

3. 第二年年初操作事项

（1）会计报表填制。

① 综合费用表的填制。

综合费用表反映企业期间费用的情况，具体包括管理费用、广告费、设备维护费、厂房租金、市场开拓费、ISO 认证费、产品研发费、信息费和其他费用等项目。其中，信息费是指企业为查看竞争对手的财务信息而支付的费用，具体由教师来设置。综合费用表的填制如表 2-6 所示。

表 2-6　综合费用表的填制　　单位：万元

项　目	金　额
管理费	全年的管理费用
广告费	当年广告投放金额
维修费	自建生产线的维护费与租赁线租金之和
租金	当年租用厂房的租金合计金额
转产费	当年转产次数与转产费用标准的乘积
新市场开发	当年开发市场的费用之和
ISO 资格认证	两种认证体系的费用之和
产品研发	当年研发产品的费用之和
损失	损失计算项目实际发生的损失之和
信息费	当年实际发生数
合　计	上述项目的合计数

注：库存折价拍价、生产线变卖、紧急采购、订单违约计入损失。

第一年的综合费用表填写相对简单，管理费每年 40 万元，维修费、租金、市场开发和 ISO 投资按实际发生数填写，其他费用没有发生数。以表 2-2 中的 3P1 和 3P3 产品组合业务经营方案为例，第一年的综合费用表填写如表 2-7 所示。

表 2-7　3P1 和 3P3 产品组合业务第一年综合费用表　　单位：万元

项　目	金　额
管理费	40
广告费	0
维修费	0
租金	80
转产费	0
新市场开发	50
ISO 资格认证	25
产品研发	60
损失	0
信息费	0
合　计	255

注：库存折价拍价、生产线变卖、紧急采购、订单违约计入损失。

② 利润表的填制。

利润表反映企业当期的盈利情况，具体包括销售收入、直接成本、综合费用、折旧、财务费用、所得税等项目。其中，销售收入为当年订单交货后取得的收入总额，直接成本为当期销售产品的总成本，综合费用根据"综合费用表"中的合计数填列，折旧为当年生产线折旧总额，财务费用为当年借款和贴现所产生的利息总额，所得税根据应税利润总额计算。利润表的填制如表 2-8 所示。

表 2-8 利润表的填制 单位：万元

项目	本年金额
销售收入	当年订单交货的销售总金额
直接成本	当年订单交货的产品直接成本总和
毛利	销售收入－直接成本
综合费用	综合费用表中的合计数
折旧前利润	毛利－综合费用
折旧	当年计提的折旧费用之和
支付利息前利润	折旧前利润－折旧
财务费用（利息＋贴息）	长短期贷款利息＋应收账款贴息＋厂房贴现利息
税前利润	支付利息前利润－财务费用
所得税	所得税＝应税利润×所得税税率（25%）
净利润	净利润＝税前利润－所得税

注：应税利润＝税前利润－前五年的累计亏损。

由于第一年没有产品销售活动，没有销售收入和销售成本，利润表中只有综合费用有经营数据。以表 2-2 中的 3P1 和 3P3 产品业务经营方案为例，第一年的利润表填写如表 2-9 所示。

表 2-9 3P1 和 3P3 产品业务第一年利润表 单位：万元

项目	本年金额
销售收入	0
直接成本	0
毛利	0
综合费用	255
折旧前利润	－255
折旧	0
支付利息前利润	－255
财务费用（利息＋贴息）	0
税前利润	－255
所得税	0
净利润	－255

③ 资产负债表的填制。

资产负债表反映企业当年财务状况，具体包括现金、应收款、在制品、产成品、原材料等流动资产，土地建筑物、机器设备和在建工程等固定资产，长期负债、短期负债、特别贷款、应交税费等负债，以及股东资本、利润留存、年度净利等所有者权益等项目。资产负债表的填制如表 2-10 所示。

表 2-10　资产负债表的填制　　单位：万元

项目	金额	项目	金额
现金	根据企业现金结存数填列	长期负债	长期借款余额填列
应收款	根据应收款余额填列	短期负债	短期借款余额填列
在制品	按生产线上在制品成本填列	应缴所得税	利润表中的所得税填列
产成品	按在库的完工产品总成本填列	特别贷款	根据特别贷款总额填列
原材料	按在库的原材料总成本填列	—	—
流动资产合计	以上五项之和	负债合计	—
厂房	根据购入的厂房总价值填列	股东资本	起始股东投资＋注资
生产线	按已经完工生产线的总净值填列	利润留存	上年利润留存＋上年年度净利
在建工程	按在建的生产线的总价值填列	年度净利	利润表中的净利润
固定资产合计		所有者权益合计	以上三项之和
资产总计	流动资产合计＋固定资产合计	负债和所有者权益总计	负债合计＋所有者权益合计

以表 2-2 中的 3P1 和 3P3 产品组合业务经营方案为例，第一年的资产负债表填写如表 2-11 所示。

表 2-11　3P1 和 3P3 产品组合业务第一年资产负债表　　单位：万元

项目	金额	项目	金额
现金	1545	长期负债	2100
应收款	0	短期负债	—
在制品	0	应缴所得税	—
产成品	0	—	—
原材料	0	—	—
流动资产合计	1545	负债合计	2100
厂房	0	股东资本	700
生产线	0	利润留存	0
在建工程	1000	年度净利	－255
固定资产合计	1000	所有者权益合计	445
资产总计	2545	负债和所有者权益总计	2545

（2）年度规划会议。

第二年的年度规划会议，要研究制定广告的具体投放策略、长短期贷款计划、产品订单选取、年度生产经营费用预算、产品研发与生产线的购置等内容。

（3）广告投放。

市场广告费的投放，要结合市场的竞争激烈程度、企业自身的产能布置和发展战略、竞争对手的广告投放策略等多方面因素综合考虑。广告投放要充分利用企业运营规则中的选单规则，尽力为本方队伍争取最有利的选单顺序。应在产品和市场上差别投放广告资金，对同一产品应在不同市场根据产品需求量、产品价格高低或订单数多少进行差别投放，在一些市场投放高的广告费，在另一些市场投放较低的广告费，在能够取得 4 个交货期产品订单和总订单产品数量满足产能的同时尽量节省广告费用。此外，对不同产品应在同一市场集中投放，以取得各个产品在同一市场有利的选单排序。

广告投放前，要根据各个产品在每个市场的订单均量（平均每个订单拥有的产品数量）或者以往选单的订单均量，用自己产品的计划产量除以对应产品的订单均量来计算理论选单次数，然后将理论选单次数根据各市场的订单竞争程度和订单数在各个市场进行分配。根据各个市场分配的选单次数，按照广告费投放规则计算最低广告投放数额，如要在本地市场获得 3 次 P1 的选单机会，就要在本地市场至少投放 25 万元的广告费。实际投放金额和选单次数要比理论投放金额和理论选单次数多一些，具体看订单的竞争程度。

如果沙盘企业模拟经营开启“市场老大”规则模式，一旦企业在某个市场取得“市场老大”地位，就应牢牢占据并控制住“市场老大”的地位，在该市场投放广告时仅按最多选单轮次投放最低的广告费，确保能够每轮次选单并取得最大的销售量。比如，将某市场某产品的订单数与选单队伍数相除并向上取整，即得到选单轮次，如果是 3，表示可以进行三轮选单，就应投放广告 25 万元，这样每轮选单都是本队优先选取，能够取得最大订单数量，其他产品亦如此操作，就有望稳定住“市场老大”地位。

另外，随同广告费一起支付的资金还有长期贷款利（本）息和应交未交的所得税，在以后各年度投放广告时，要提前计算这三项资金的总额以便提前筹足现金。

（4）参加订货会。

参加订货会的重要任务有：获得足够的订单，保证产品销售计划的实现和生产系统的正常运转；保证订单交货期与产品实际产量和进度的匹配性；观察其他经营团队的产品生产情况和广告投放标准，研究各个产品销售竞争的激烈程度，作为以后产能调整和广告投放的决策依据。

产品订单量与产品产量的匹配，包括总量的匹配、交货期与生产进度的匹配。产品订单匹配的基本思路见表 2-12。

表 2-12　产品订单匹配表

<table>
<tr><th>时间</th><th>某产品数量</th><th colspan="4">满足不同交货期订单的产品数量</th></tr>
<tr><td>Q1</td><td>a+存货</td><td>满足 1 个交货期订单的数量</td><td rowspan="2">满足 2 个交货期订单的数量</td><td rowspan="3">满足 3 个交货期订单的数量</td><td rowspan="4">满足 4 个交货期订单的数量</td></tr>
<tr><td>Q2</td><td>b</td><td></td></tr>
<tr><td>Q3</td><td>c</td><td colspan="2"></td></tr>
<tr><td>Q4</td><td>d</td><td colspan="3">4 个交货期的产品订单数量不能少于 d</td></tr>
</table>

注：a、b、c、d 代表产量。订单交货可以向前借用产量，不能向后借用产量，比如，3 个交货期订单可以向前借用一、二季度产量，但不能借用第四季度产量，在已经选取了 1、2 个交货期订单的情况下，3 个交货期订单产品数量不能超过第三季度产量与一、二季度产品剩余产品之和，以此类推，其他交货期订单的匹配与此相同。特别强调，4 个交货期订单产品数量不能小于第四季度产量，否则第四季产品产量就会剩余。

在订单的产品数量、价格和交货期三项条件中，要优先选择数量大和交货期长的订单，再选择交货期短的订单，保证产品交货期和产品总销量都能达到预期目标。若只能选择与计划产量不一致的销售订单时，要考虑有无有效途径来实现产品产量与订单的匹配。具体办法有产品间的转产、增加租赁线或手工线、紧急采购原材料、采购成品等。要评估每一种办法，按照匹配成本由低到高的顺序选择解决途径，如果成本太高导致该订单本身亏损，就果断放弃。

生产线转产是匹配成本最小的方法，需要牺牲其他产品的产能，在选择该订单时就要考虑减少后续选单产品的数量，但最多不能超出该产品的柔性线全年产量，具体数量根据这两种产品的已选订单和产能情况计算。

比如，P1 和 P3 产品第二年的生产线布置和产量见表 2-4，P1 和 P3 各有 1 条柔性线生产，P1 和 P3 产量调整的最大可能就是减少 3 个 P3、增加 3 个 P1；反过来，减少 3 个 P1、增加 3 个 P3。一般情况是，增加 P1、减少 P3，因为 P1 产品先选单，P3 订单争夺激烈难以取得足够订单。

比如，P1 产品的选单情况如表 2-13 所示，全年产量为 9，已经选取了 4 个交货期产品数量 6 个、2 个交货期产品数量 2 个即 8 个产品，现在出现某个 3 个交货期 2 个产品数量的订单，该不该选呢？

若选择该订单，总产量为 10，超出全年产量（9），但二、三季度的总产量满足该订单的交货期和数量。

表 2-13　P1 产品产量与订单匹配表

时间	产品数量		已选订单数量	待选订单
	产量	累计产量		
第二年 Q1	0	—	—	—
第二年 Q2	3	3	2	—
第二年 Q3	3	6	—	2
第二年 Q4	3	9	6	—
合计	9	—	8	—

若选择该订单，有几种办法可完成交货：第一种办法是转产，增加 1 个 P1、减少 1 个 P3，生产线方面能够满足要求；第二种办法是增加 1 条租赁线或手工线；最后一种方法是考虑紧急采购 1 个 P1。转产或增加产线，要考虑有无订购机动的原材料，通常情况下紧急采购原材料进行生产要比紧急采购成品损失小很多。而 P1 产品的材料，完全可以通过正常采购材料在二季度或三季度通过转产生产出来，但其他产品如 P2、P3 等产品需要使用 R3、R4 材料，正常采购会影响按时交货。

关于紧急采购成品的实际损失的计算，就以本例中的紧急采购 P1 为例进行说明。P1 的直接成本 20 万元，紧急采购需 60 万元，采购 1 个 P1 的损失是 40 万元。假定本订单 P1 的市场销售均价为 50 万元，则实际损失为 10 万元（$60-50=10$），扣除该损失，本订单仍然盈利（$50\times2-40-40=20$ 或 $50\times1-20-10=20$）。在采取紧急采购措施之前，考虑有没有其他成本更低的解决途径，若无法选择，在保障能够盈利或者需要减少损失的情况下通过紧急采购来完成交货。当订单多选后，若不紧急采购就要发生违约，此时需要衡量紧急采购后该订单的实际亏损与直接违约的损失，若前者小于后者，还是需要紧急采购。

（5）申请长期贷款。

如果第一年的全部贷款金额小于按第二年初的所有者权益计算的贷款额度，仍然可以申请长期贷款。以后每年的长期贷款能否申请取决于当年年初的贷款额度是否大于已有的长短期贷款总额，上年的权益增加能够增加本年的贷款额度，因此，持续的盈利能够改善企业的融资条件，能够为企业创造充足的现金流和提供扩大生产所需的资金来源。

4. 第二年运营操作要点

第二年各季度的工作包括更新材料、采购材料、产品生产、生产线转产、应收账款更新、厂房续租、订单交货和管理费用等活动，这些活动都是按照软件流程来操作的，一些计划性工作，如增加厂房和生产线、厂房退租、厂房贴现、产品研发等项目，都与第一年的操作相同，不再一一说明。还有一些特别事项，需要重点说明。

（1）产品订单的交货与排产。

订货会结束后，就要开始第二年的生产组织工作。首先要核实各个订单的产品数量、交货期、账期等情况。然后根据各个订单的交货期与交货数量、资金周转情况等要求安排交货计划，在不发生违约的前提下，可以安排一些账期短的订单优先交货以缓解资金紧张状况。最后按照订单交货计划制订实际生产计划，重新安排产品的生产进度，使产品生产尽可能在材料、产能转换空间等条件许可下满足产品的交货条件和数量要求。

产品的生产安排，可以在设计好的表格上标注各种生产线拟生产的具体产品品种（见表 2-14），尽量用柔性线或手工线转产。

表 2-14　生产线排产表

生产线类型	第　年				第　年				第　年			
	Q1	Q2	Q3	Q4	Q1	Q2	Q3	Q4	Q1	Q2	Q3	Q4
自动线 1												
自动线 2												
自动线 3												
柔性线 1												
柔性线 2												
柔性线 3												
租赁线 1												
租赁线 2												
…												

（2）短期贷款。

在第二年贷款额度未用完的情况下，可以在每季度初申请短期贷款，短期贷款申请金额以满足本季度和下季度初所需各项资金为限，短期贷款可以每季度申请，短贷一次性申请过高会造成短贷到期后偿还困难，甚至导致现金流中断而破产。

每次拟申请的短期贷款金额 = 季初现金余额 − 季初季中的资金需求 + 到期更新的应收账款金额 − 季末费用 + 下季度初的短期贷款本息

季度初期和季度中期的各项资金包括材料更新、产品加工、厂房租购、生产线建设、生产线转产等。

季末各项费用包括厂房续租、管理费用、产品研发、厂房处理等。

短期贷款就是保障本季度从“材料更新”到下季短期贷款偿还时间段的资金需求。

（3）年末应收账款贴现。

从第二年开始，每年年末需要支付管理费、市场开发与 ISO 投资、生产线维护费、订单违约扣款等费用，当企业现金不足时，就需要进行应收账款贴现。应准确计算所需要贴现的应收账款金额，仅以贴现后的实收现金满足当年资金需求为宜，下年初的资金缺口在下年初进行应收账款贴现。应最大限度地增加本年利润和提高所有者权益，努力提高下一年的贷款额度，以便利用短期贷款扩大产能和满足短期资金需求来降低融资费用。

（4）生产线折旧。

根据生产线的折旧规则计算折旧费用，计算难度不大，但初次练习者往往不清楚哪些生产线该计提折旧以及已经计提了多少折旧，净值多少等。下面给出自动线、柔性线和手工线建成后每年的折旧金额与净值的变化，如表 2-15 所示。

表 2-15　生产线折旧与净值计算表　　单位：万元

生产线类型	购置成本	建成第一年		建成第二年		建成第三年		建成第四年		建成第五年	
		折旧	净值	折旧	净值	折旧	净值	折旧	净值	折旧	净值
自动线	150	0	150	30	120	30	90	30	60	30	30
柔性线	200	0	200	40	160	40	120	40	80	40	40
手工线	35	0	35	10	25	10	15	10	5	0	5

5. 第三年以后的操作思路

第一年的产品业务决策和生产系统的效能，在一定程度上决定了第二年产品销售和经营绩效的高低，第二年的经营绩效将为第三年及以后年份的经营奠定成功的基础或者埋下失败的伏笔。第一年、第二年是为整个沙盘模拟运营期奠定重要基础的关键时期。

第二年是沙盘企业模拟经营比较困难的一年，可利用的市场少，产品需求量小，订单竞争激烈。从第三年开始，市场范围逐年扩大，产品需求量越来越大，企业的发展环境逐渐宽松。若企业能以较好的业绩进入第三年，可以考虑在第三年开始增加产能，第四年就能扩大生产和销售；若成绩不太理想却仍然能够正常运行，则应继续维持原有生产规模，积累实力等待条件具备再行扩大；如果经营很不理想，就努力维持企业生存，尽力避免破产。

第三年、第四年对于经营较好的模拟企业是一个蓄势待发期，是一个快速超越竞争对手、拉开差距的时机，应利用自身业绩增加而增加的融资额度迅速扩大产能，为第五年、第六年的市场销售扩大做好产能储备；对于经营成绩不太理想的企业，这是一个较为艰难的调整时期，要尽力整合资源，把优质资源集中配置在盈利能力最强的业务上，通过业务调整力争实现企业现金流的好转和业绩的回升，但别指望能赶超第一梯队的企业了；对于那些权益连续下降的企业而言，这时会进入一个极为痛苦的挣扎阶段，伴随着前期应收账款的大量贴现和融资额度减少出现的融资困难，资金紧张局面短期内难以改变，需要缩减业务，发现市场竞争最弱或强劲对手忽视的市场领域，以较低的广告争取订单，尽量扭转局面以避免破产情况的发生。

第五年、第六年对于准备了充足产能又有足够流动性的企业来说是一个产品销售的黄金时期，一定要充分利用已经树立起来的竞争优势，一边增加生产和销售，一边完成能够提高企业发展潜力的项目，实现所有者权益与企业发展潜力的双重增长，牢固地控制和维护自己的领先地位；对于那些经历了短暂困难后又重新恢复活力的企业，这时是一个努力追求增长的时期，利用经过整合的资源和重新调整的业务，在广泛的市场中争夺订单，争取在一个市场扩大而竞争强度相对较低的时期，努力缩小与第一梯队的差距；对于那些在破产边缘苦苦挣扎、经过艰难的业务修整后存活下来的企业，这是一个可以充分利用的机会，可以关注一些优秀的企业已经放弃了的那些盈利能力低、价格与需求量不具吸引力的产品市场，与其在高度竞争的产品和市场上进行不切实际的竞争,倒不如在这些少有企业问津的领域辛勤耕耘，取得与自己竞争地位相称的业绩。在经历过重重磨难之后，能够调整姿态重新找准自己的定位，积极调整策略努力进取保持一种乐观向上的人生态度和价值取向。

ERP沙盘模拟经营过程所体现出来的规律和道理告诉我们,那些掌握企业经营管理思想，善于科学谋划、行动果断、懂得应变与调整、能够识别和把握机会的经营团队，才能取得好的成绩。我们应该放弃弯道超车或者随时准备逆袭的不切实际的幻想，践行“计划—实践—总结—再计划—再实践—再总结”的认知逻辑，踏踏实实地开展模拟实训活动，不断提高决策水平和执行力度，探索和总结企业经营管理规律，努力增强实践能力和提升认知水平，为今后的职业生涯发展奠定丰富的知识与坚实的能力基础。

6. 重要操作事项

（1）扩大产能。

进入第三年经营后，那些具备增加产能条件的经营企业，应开始筹划产能扩大计划和实施工作。

欲通过自建生产线增加产能，应在拿到本年的销售订单后，把应收账款、能够取得的长短期贷款一起计算，预测本年各季度资金收支情况，计算收支相抵后的资金余额能否增加生产线建设、增加数量以及需要贴现的应收账款数额，估算增加产能后对本年利润和权益的影响，权衡利弊后做出决定。若能够增加产能，就按预算情况做出计划并予以执行。如果增加产能后造成下一年的资金周转困难，或者导致所有者权益大幅下降，就放弃产能扩张计划。通过租赁线增加产能，其优点是资金需求少、产能增长快，缺点是不能增加企业发展潜力，用与不用应根据企业发展的整体规划进行决定。如果在经营中期没有增加机会，在经营的第六年是否增加生产线应进行评估。第六年的生产线建设不会增加销量，还需要支付维修费，是否新建生产线取决于其增加的加分系数与减少的利润对经营得分的最终影响，如果能够尽量提前完工以增加一个或两个季度的产量就能抵补维修费，还有可能增加一定的利润。

（2）长期贷款的偿还。

第一年申请了长期贷款的企业，需要在第六年偿还长期贷款本息，这是很大一笔资金，应在第五年初就开始筹划还款事宜。

第五年订货会结束以后，预估本年度的所有现金收支，具体项目如表 2-16 所示，并估算出本年末的现金余额。

表 2-16　第五年现金收支预估表　　单位：万元

时　间	现金支出				现金收入		季末现金余额
	短期贷款本息	材料更新	生产加工	季末支出	申请短期贷款	账款更新	
订货会后资金余额	—	—	—	—	—	—	
第五年 Q1							
第五年 Q2							
第五年 Q3							
第五年 Q4							

预估本年度的现金收支后，还要根据本年的销售订单、销售成本以及各种费用估算本年的税前利润和所得税，将所得税与第六年的长期贷款本息相加，判断第五年末的现金余额能否满足三项资金需求。若现金不足，优先考虑使用贷款额度，在第四季度申请短期贷款，申请的短期贷款数额与预计的年末现金余额之和大于等于第六年的广告预算、所得税和长期贷款本息额之和。在用完第五年全部贷款额度后，资金不足部分在第六年初运用应收账款贴现解决，应收账款贴现安排在第六年初可以避免其对第五年利润和权益的影响。在测算所有的应收账款贴现后仍然不能满足资金需求，就需要先考虑出售库存，再考虑第五年第四季度停产，最后考虑第五年第四季度变卖生产线。由于第五年第四季度停产或者变卖生产线，均需提前停止第四季度部分或全部材料的采购，在计算偿债资金时把这一部分材料更新资金包括在内，要尽量减少停产或变卖生产线的数目。在变现手段有限的情况下，先不考虑第六年的广告费，优先解决所得税和长期贷款本息所需资金，到第六年再根据资金结余情况进行广告的投放。

为了确保第六年长期贷款本息的偿还和降低筹资成本，需要在第五年精心设计订单交货计划和组织产品生产，尽力回收款项和节约资金。

（3）订单的获取策略。

在第二年的广告投放和订货会订单选择后，各经营团队基本了解了广告投放和订单选择的规程。随着市场的扩大和企业产能的增加，企业之间的订单竞争并没有因此而减弱，反而随着产品产量的增加，一些重要产品订单争夺更趋激烈，各企业的广告投放金额越来越大。如果不加控制地增加广告投放，必然会陷入广告大战的恶性竞争中。

企业有两种获取订单的渠道：一种是参加订货会，另一种是参加竞拍会。

在订货会上获取订单是企业销售产品的主要渠道。在订货会选单过程中，要观察各竞争对手的产品策略和广告策略，发现竞争对手的漏洞，针对性地投放广告以降低广告费用。如果与主要竞争对手产生了直接冲突，应采取个别市场突破、其余市场跟随的广告策略。如果本企业的生产系统具备足够的产能转产空间，可以用竞争较弱的产品替换 4 个交货期订单困难产品的第四季度产量，通过生产线的频繁转产实现全部产品销售又降低销售费用的目的。总之，通过提高广告投放技巧和生产调度水平来实现销售和降低成本，不与竞争对手死磕硬碰而使自己陷入不利境地。

竞拍会是企业获得销售订单的补充渠道，主要是为那些在订货会上未能售出的产品寻找出路。在竞拍会上，产品竞相压价导致中标价格很低，时常处于亏损的边缘。在投标之前，要确定两种参考投标价格：一是用单位产品的变动成本（直接成本 + 平均中标费用）加上分摊的所有可能固定成本来估算每种产品的盈亏平衡点价格；二是用直接成本 + 平均中标费用计算停止营业点价格，然后根据竞争态势感知决定采用哪种参考价格。如果竞争不激烈，就把价格定在盈亏平衡点价格之上，争取更多的盈利；如果竞争激烈，就把投标价格定在停止营业点价格与盈亏平衡点价格之间，以尽可能减少固定成本损失。

经营团队在模拟经营的过程中一定要增强市场感知能力，加强对竞争对手的了解，以便在广告投放、产品生产等方面采取正确的决定，避免恶性竞争，提高盈利。

（4）所有者权益与企业发展潜力的均衡增长。

ERP 沙盘企业模拟经营结果排名是依据所有者权益与企业发展潜力两项指标计算的经营积分进行的，要想取得高的积分，就要保持所有者权益和企业发展潜力的均衡增长。在经营过程中学生经常犯的错误是，把规则规定的所有加分项目都实现，以为这样才能取得最高积分。事实上，要实现规则允许的所有加分项目，难度较大，还会造成所有者权益不高的结果。至于所有者权益指标和企业发展潜力指标分别多大才算均衡，没有具体的模型可供参考，需要在模拟经营中不断变换和优化经营策略，通过提高策略的动态适应性来提高经营积分。这里需要指出的是，可以用日臻成熟的策略和不断完善的经营思路来争取更高的经营成绩，但没有一个标准的套路可以利用，适合自己的路是探索出来的。

一般而言，在沙盘模拟企业经营的整个过程中，先致力于权益的增加，通过权益增加而增加的贷款额度会助力企业产能的扩张，再通过扩大的产能在迅速扩大市场中取得较大的销售业绩，最后利用销售业绩增长带来的充足现金流去提高企业发展潜力，最终达到企业所有者权益和发展潜力双重增长的目标。

思考题

在模拟经营过程中遇到了哪些典型问题？你是如何解决的？

2.4 实训总结与汇报

任务描述

教师公布各小组初始经营成绩排名，然后由各组 CEO 分别进行经营状况汇报，接下来各组推荐代表做心得体会汇报，最后各组之间进行经验交流。

2.4.1 总结报告的内容

1. 所在企业的经营状况

（1）经营计划概述。

从产品业务组合、厂房和生产线方案、产品研发、ISO 投资、市场开拓、广告投放与融资等方面进行描述。

（2）经营过程描述。

从 1 ~ 6 年的产品业务组合的变化、产能变化、产品销售情况、融资情况、利润与权益的变化等方面进行描述。

（3）企业经营的得失分析。

从成绩增长的原因，出现的失误、原因及教训等方面进行分析。

2. 心得体会

（1）企业经营的体会。

重点概括企业模拟经营中出现的想法和疑问，以及对这些想法与问题的个人看法。

（2）对做人做事的感悟。

体验沙盘模拟企业经营过程，并从中总结出一些做人做事的道理。

2.4.2 汇报

步骤一：介绍各个企业的经营成果排名；

步骤二：各个企业的 CEO 进行六年经营状况的汇报；

步骤三：各组推荐代表做心得体会汇报；

步骤四：现场经验交流和讨论。

第 3 章　中级策略运营企业

实训目标

- 分析市场环境和竞争对手，确定生产经营业务；
- 制定生产经营方案，并评估其可行性；
- 根据环境变化能动地执行经营方案；
- 对经营结果进行总结与汇报。

3.1　制定经营方案

任务描述

利用沙盘软件的市场预测资料对产品的市场需求分布、需求变化趋势、价格走势和订单数进行分析，利用沙盘软件的间谍操作功能研究竞争对手的生产线策略、产品策略、市场策略、融资策略等经营情况，识别市场机会和评估经营风险，选择产品业务并制订经营计划。

3.1.1　市场预测分析和竞争对手研究

1. 市场预测分析

研究沙盘软件中提供的市场预测信息，观察 P 系列产品在各个市场的总需求量、产品平均价格和订单数量的市场分布情况与变化趋势，分析各产品毛利率及其变化，作为生产业务组合决策的重要依据。

2. 竞争对手研究

利用沙盘软件的间谍操作功能，收集和分析商业情报，研究各经营队伍的经营业务、经营规模和生产布局等状况，判断各竞争对手的经营动向和意图，收集和掌握准确、全面的商业情报信息，为生产决策做好准备。

在市场预测分析和竞争对手研究的基础上，综合考虑各个产品的市场需求总量、盈利能力和供给能力等众多因素，选择盈利能力强、增长潜力大、竞争相对较弱的产品品种作为自己的生产业务。

在经营过程中，还要持续观察各竞争对手的经营业务变化、市场销售和业绩排名等情况，根据各个产品销售竞争的激烈程度和市场前景，分析判断可能的市场机会和风险，作为以后扩大或调整生产业务组合的依据。

重点关注主要竞争对手的生产经营情况，收集主要竞争对手的产品策略、市场和销售策略、产能变化、利润和权益增长情况等方面的各种信息，以此为针对性采取措施提供重要依据。

3.1.2 经营方案制定和优化

1. 经营目标

企业经营目标，是在一定时期企业生产经营活动预期要达到的成果，是企业生产经营活动目的性的反映与体现。企业的经营目标有很多，比如获取理想利润目标、适当投资利润率目标、维持和提高市场占有率、应对竞争、企业的生存等，企业应该根据自身资源和所处的市场环境以及经营状况来确定适合自己的经营目标。企业的经营目标不是单一的，而是多元目标的均衡发展。惠普的创始人之一比尔·休利特说过，惠普从来没有把利润最大化作为自己的经营目标，但也从来没有把利润放在所有考虑问题之外。惠普有七大目标：培养和发展忠诚的客户、合理利润（超过行业平均水平）、行业领导地位（保持在第一位、第二位，并形成规模）、持续增长（有动力和潜力）、员工发展、团队领导力提升和社会责任。这些目标如同齿轮一样紧紧咬合在一起，牵一发而动全局。而惠普最重视的就是培养和发展忠诚的客户。

在沙盘企业模拟经营实训中，企业经营中许多环境因素是确定的，如市场总需求、产品生产成本、产品价格、融资费用率等，模拟企业只需要利用一些可变的因素，如广告投放、生产规模大小、融资组合、产品与市场的组合等因素来实现企业的经营目标。ERP 沙盘模拟经营目标是取得理想的经营得分，这需要通过所有者权益和企业发展潜力两项指标的均衡发展得以实现。在 ERP 沙盘模拟环境下，模拟企业主要的工作任务是应对竞争和驱动增长，通过合理配置和有效使用各种经济资源，控制和降低各种运营费用，采取合理的竞争策略与竞争对手争夺市场订单，努力提高产销量以增加利润，最终实现所有者权益指标和企业发展潜力指标的共同增长。

经营目标分为总体目标和分解目标。各个模拟经营团队根据自己的能力和意愿确定要达到的经营得分，作为自己团队努力实现的总目标，然后制定产量、销售量、利润、所有者权益、企业发展潜力等各项指标的阶段性目标和最终目标。在总目标和阶段性目标的引领下，规划产品研发与生产、市场开发与质量认证、产能布置与扩张、广告预算与产品销售、融资等具体生产经营策略，各种策略相互依存、紧密配合，形成具有高度竞争力的生产运营系统，再运用科学合理的调整与变更策略，推动企业的业务发展战略与新的市场环境相适应，在对市场环境的应变与适应中，抓住新的机遇，创造新的成就，实现更高的目标。

制定经营目标可以用绝对数值或相对数值，如总得分达到 8000 分，或者总得分名列前茅等。能力强的团队制定较高的目标，能力弱的团队可以确定较低的目标，一些企业甚至可以把维持生存作为经营目标。所有者权益指标和企业发展潜力指标之间存在相互替代的关系，片面追求高所有者权益会降低企业发展潜力；反过来，追求高企业发展潜力会以牺牲所有者权益为代价。两者的共同均衡发展才能取得经营得分的最大化，共同均衡的方法和策略需要在不断练习中探索和总结，并没有现成的或者一成不变的公式可供利用。

2. 经营活动规划

确定了经营目标后，就可以着手构建生产运营系统。良好的开端等于成功的一半。要科学规划第一、二年的生产经营活动，确保生产运营系统具有高效、柔性和运营成本低等特点，为此需要制定生产运营方案。制定生产运营方案的具体步骤如下：

第一步：决定生产经营业务组合与生产规模。

沙盘企业提供了 P 产品系列在各个市场不同年度的产品需求量、平均价格和订单数量，分析总结各个产品在同一市场的需求量、均价和订单量的变化趋势，并比较其在不同市场间的分布特点，了解各模拟企业的产品经营意向，选择盈利能力相对较高、竞争力相对较弱、关联性较强的产品品种作为即将经营的产品业务组合。对单一产品经营，若生产规模大，会出现订单争取困难和库存积压，若生产规模小，会出现运营成本高、订单交货困难、应收账款延迟和盈利不高等情况，规模太大或太小均不符合规模经济原理。对多品种经营，若品种过多，会造成产能分散、交货周期延长及广告预算较高等范围不经济的情况。因此，要根据各个产品的市场需求量、价格、订单均量、盈利能力及其变化趋势等因素来确定产品业务组合，一般选择两种或三种产品构成经营业务组合。

第二步：确定生产线建设方案和生产时间。

生产线建设要与具体产品相联系，即建成生产某种产品的生产线。在建设生产线前，要先确定生产时间。产品计划生产时间要根据生产线建设完工周期和产品研发完成周期中的较长周期确定，比如 P2 产品研发需要 3 个季度，柔性线建设需要 4 个季度，那么用柔性线生产 P2 产品的最早时间只能为第二年第一季度。另外，确定计划生产时间还要考虑第一年生产产品的经济性，比如用自动线生产 P2 产品，可以在第一年第四季度生产一季，由于自动线可在第一年完工，那么自动线就需要在第一年、第二年分别缴纳维修费 20 万元和第二年计提折旧，生产一个 P2 产品导致生产线增加的费用大于其所能创造的销售毛利，用租赁线成本更高，柔性线建设周期长无法生产，手工线产能低一般不采用。所以，第一年用任何可用生产线生产任意一种产品都不经济。用自动线、柔性线和租赁线生产 P1、P2、P3 产品，生产时间选择在第二年第一季度较为合理。P4 产品研发周期较长，只能在第二年第二季度开始生产。

租赁线在承租时不需要支付租金，即租即用，它是在资金紧张和经营不利局面下的翻盘利器，可以快速扩大产能增加销售。其缺点是租金高、不能转产、清理费用高、不增加企业发展潜力，一旦租用就得长期使用。自动线在所有的生产线类型中是性价比最高的，其缺点是转产需要停产，既要缴纳转产费用，又因停产丧失生产能力。柔性线的建设成本高，资金量大，运行费用较高，但是因其随时可以转产的特性，增加了生产系统的灵活性，为产能调整和产品转产提供了可能。手工线效能低，不能加分，因此不建议用于长期生产，但可以用于应急。

在建设的生产线组合中，应该有适量的柔性生产线，可以增加生产系统的弹性，能够随时转产以更好地与产品销售订单进行匹配，在后期的生产业务调整与变更中，能够快速调整产品生产结构以更好地适应新的竞争环境。那些打算长期发展的产品业务用自动线、租赁线进行生产，不打算长期经营的产品业务用柔性线生产，为那些订单获取相对困难的产品业务配置适当的柔性线以方便转产其他产品。另外，在资金相对宽松情况下，可以考虑为每一种产品配置至少 1 条柔性线，租赁线由于不能加分，其配置数量会有所限制，在资金紧张、经营不力或临时增加订单数量的情况下可以相机使用。

建成的生产系统，应具有柔性化、高效率和运行成本低的优势，在与其他竞争对手的竞争中体现出明显的竞争优势，能够帮助企业在最初的经营竞赛中取得优于对手的业绩，并为今后的经营创造出新的资源。

第三步：安排材料采购、产品研发、市场开发与质量认证工作进度

材料采购时间可根据各个材料的采购提前期，按照计划生产时间往前倒推，采购数量可按所生产产品的材料构成（BOM 清单）和产品计划产量计算确定。要克服日常不良习惯，按计算出的材料数量订购材料，避免一次性采购造成大量库存和资金占用。产品研发进度以不影响生产计划为宜，可以灵活安排。市场开发与质量认证工作每年年末操作一次，按照规则进行。

第四步：确定第二年产品生产与销售活动。

第一年的各项生产准备活动安排妥当之后，第二年的产品生产与销售工作就可以按照操作规程一一确定了，能够按项目和时间进程一一编制出来。

第五步：计算各项目、各季度所需资金。

第一年和第二年的各个经营项目按照时间进度和相互关系编排好进度以后，计算出各项目所需资金和各季度所需资金，编制出生产运营计划表。对表中的各个项目，需要区分资产、负债、成本和费用项目以便估算各项目的资金需求数量和运营费用。

第六步：确定广告预算。

广告预算的高低决定了订单的获得能力。确定广告预算的过程建议如下：

（1）根据生产计划计算出当年生产的各个产品的总产量。

（2）分析市场需求，依据所生产的每个产品在各个市场上的订单数和总需求量计算均单量，即平均每个订单能够获得的产品销售数量。

（3）用各个产品的总产量除以均单量得出需要选取订单的次数，将选单次数按照市场需求量的高低和市场偏好分配至需要投放广告的市场，根据每个市场分配的选单次数和广告投放规则计算每个市场需要投放的最低广告额。

（4）依次汇总各市场的最低广告投放额得出当年的最低广告预算，再根据每个产品订单竞争的激烈程度适当增减广告预算，最终得出本年度的广告预算额。

广告投放要适度。过于保守，不能争取到足够的产品订单量，会造成产品积压或生产线闲置。太过激进，会造成广告产出比低，浪费资金和减少利润。有时会出现广告费竞相抬价的现象，这时需要运用量本利分析法或盈亏平衡点分析方法适当控制广告投放，避免广告投放过多造成亏损。

第七步：根据资金需求设计融资方案。

在企业的初始经营阶段，可以采用的融资方式有短期贷款和长期贷款两种。根据生产线建设的规模大小决定是采用长期贷款还是采用长短期贷款结合的融资方式。如果生产线建设所需要的资金量大，在第一年初采用完全长期贷款或者长短期贷款结合的融资方式；如果生产线建设所需资金量较小，就采用第一年短期贷款、第二年长期贷款的融资方式，第一年的短期贷款仅满足第一年的资金短缺部分和第二年的广告预算，第二年的资金需求通过长期贷款和应收账款贴现来解决。

企业自有资金和融资资金至少要保证企业的生产销售活动所产生的现金流能够满足正常生产周转，也就是说，在最初经营的两年里，企业的资金至少能够支撑到产品订单正常交货后，这时可用应收账款贴现来维持企业生产周转。各经营团队根据自己制定的生产经营方案来决定资金的保障期限，但不能低于最低保障期限（开始经营到产品订单正常交货的时间）。如果用尽所有贷款额度后，仍不能达到最低保障期限，就说明生产规模过大或者无关的项目建设太多，需要进行相应的缩减。

融资方案要在保障企业生产经营所需资金的基础上，通过优化融资方式和融资期限来降低融资费用。

生产经营方案完成以后，要进行方案的审查，检查各个项目是否符合经营规则，项目的相互联系是否符合生产运营逻辑，最后从成本方面进行评估，查看各个建设项目和融资方案的配合是否体现了低成本原则。对于融资成本高低的考量，要协调好长期与短期的关系。因为第一年长期贷款多，第二年的应收账款贴现就少，但以后每年的长期贷款利息高；相反，第一年长期贷款少，第二年的应收账款贴现多，长期的贷款利息就低，从而确定一个长期总成本较低的方案。

需要尽可能地设计产能相同的更多生产运营方案，每一种方案要求融资与建设项目的配合达到最理想状态，然后横向比较各种方案的运行费用，最终选择运行费用较低和符合长远发展规划的方案。

接下来，以 4 条 P2 生产线和 4 条 P3 生产线的生产业务组合和生产规模为例，演示沙盘企业模拟经营方案的制定过程。

第一步：确定生产线建设方案。

由于 P2 和 P3 产品盈利能力相对较好，打算长期生产，采用 6 条自动线和 2 条柔性线的生产线建设方案。柔性线购置成本高，其灵活转产的属性可以应对产品订单与产品生产计划不匹配的情况，每种产品配置一条柔性线，既减少资金需求，又能保持一定的生产弹性。

结合生产线建设周期和 P2、P3 产品研发周期，决定从第二年第一季度开始产品生产。

第二步：安排各项生产经营活动，计算各项目、各季度所需资金。

第一年的各项准备活动安排如下：第一季度和第二季度分别租赁大厂房一个，柔性线从第一年第一季度开建，自动线从第一年第二季度开建。产品研发于年内完成。材料采购时间按产品计划生产时间和采购提前期确定于第一年三、四季度采购，采购数量依照生产产品的材料构成（BOM 清单）和计划产量计算确定，采购频率与生产线的生产周期相同。管理费用支付、产品认证与市场开发按沙盘企业经营规程确定。

第二年的生产与销售活动依据沙盘操作规程确定，广告预算 150 万元。

然后，计算各项目和各季度的资金需求量，编制 4P2 和 4P3 生产业务组合经营活动计划如表 3-1 所示。

表 3-1 4P2 和 4P3 生产业务组合经营活动计划　　单位：万元

时间		厂房	生产线	产品研发	管理费	材料采购	所需资金	现金流量	
								融资金额	期末余额
第一年初		股东投资资金 700							
第一年	Q1	大厂房 40	2 柔，100	P2、P3，20	10		170		
	Q2	大厂房 40	6 自 2 柔，400	P2、P3，20	10		470		
	Q3		6 自 2 柔，400	P2、P3，20	10	8R3、4R4	430		
	Q4		6 自 2 柔，400	P3，10	10	4R1、4R2、8R3、4R4	420		
合计		80	1300	70	40	0	1490		
第一年末		产品认证、市场开发共需资金 25 + 50 = 75					75		
第一年资金需求量及年末资金余额							1565		
时间		厂房	生产线与产品加工	产品研发	管理费	材料采购与更新	所需资金	现金流量：融资金额	期末余额
第二年初		广告预算：150；长贷利息：					150		
第二年	Q1	40	80		10	更新 200 采购同前	330		
	Q2	40	80		10	更新 200 采购同前	330		
	Q3		80		10	更新 200 采购同前	290		
	Q4		80		10	更新 200 采购同前	290		
合计		80	320		40	800	1571		
第二年末		市场开发 30、产品认证 25、生产线维护 160					215		

第三步：安排融资计划。

企业自有资金只有 700 万元，产能较大，需使用全部贷款额度进行融资。融资方案有全部长期贷款和长短期贷款结合两种方式。方案一采用全部长期贷款，如表 3-2 所示。方案二采用长短期贷款结合方式，如表 3-3 所示。

表 3-2 经营活动计划与资金预算表（方案一） 单位：万元

时间		厂房	生产线	产品研发	管理费	材料采购	所需资金	现金流量	
								融资金额	期末余额
年初		股东投资资金 700						长期贷款 2100	2800
第一年	Q1	大厂房 40	2 柔，100	P2、P3，20	10		170		2630
第一年	Q2	大厂房 40	6 自 2 柔，400	P2、P3，20	10		470		2160
第一年	Q3		6 自 2 柔，400	P2、P3，20	10	8R3、4R4	430		1730
第一年	Q4		6 自 2 柔，400	P3，10	10	4R1、4R2、8R3、4R4	420		1310
合计		80	1300	70	40	0	1490		1310
第一年末		产品认证、市场开发共需资金 25＋50＝75					75		1235
第一年资金需求量及年末资金余额							1565		1235
时间		厂房	生产线与产品加工	产品研发	管理费	材料采购与更新	所需资金	现金流量	
								融资金额	期末余额
第二年初		广告预算：150；长贷利息：210					360		875
第二年	Q1	40	80		10	更新 200 采购同前	330		545
第二年	Q2	40	80		10	更新 200 采购同前	330		215
第二年	Q3		80		10	更新 200 采购同前	290		−75
第二年	Q4		80		10	更新 200 采购同前	290		−365
合计		80	320		40	800	1571		−365
第二年末		市场开发 30、产品认证 25、生产线维护 160					215		−580

对方案一，第一年初全部采用长期贷款融资，第二年需要支付长期贷款利息 210 万元。经测算，资金可保障到第二年第三季度中期。

假定第二年资金不足部分全部用应收账款贴现来解决，需要的应收账款贴现费用计算如下：

资金预算至第二年末，现金余额为－580 万元，需要贴现应收账款 650 万元，贴现费用 65 万元，两年的融资费用为 210（长贷利息）万元＋65 万元＝275 万元。

表 3-3　经营活动计划与资金预算表（方案二）　　　　单位：万元

时间		厂房	生产线	产品研发	管理费	材料采购	所需资金	现金流量	
								融资金额	期末余额
年初		股东投资资金 700						长期贷款 1814	2514
第一年	Q1	大厂房 40	2 柔，100	P2、P3，20	10		170		2344
	Q2	大厂房 40	6 自 2 柔，400	P2、P3，20	10		470		1874
	Q3		6 自 2 柔，400	P2、P3，20	10	83、4R4	430		1444
	Q4		6 自 2 柔，400	P3，10	10	4R1、4R2、8R3、4R4	420	短期贷款 286	1310
合计		80	1300	70	40	—	1490	2100	1310
第一年末		产品认证、市场开发共需资金 25＋50＝75					75	—	1235
第一年资金需求量及年末资金余额							1565	—	1235
时间		厂房	产品生产	产品研发	管理费	材料采购与更新	所需资金	现金流量	
								融资金额	期末余额
第二年初		广告预算：150；长贷利息：181					331		904
第二年	Q1	续租 40	80		10	更新 200 采购同前	310		574
	Q2	续租 40	80		10	更新 200 采购同前	310		244
	Q3		80		10	更新 200 采购同前	290		－46
	Q4		80		10	更新 200 采购同前	290	－300	－936
合计		80	320		40	80	1160		－636
第二年末		市场开发 30、产品认证 25、生产线维护 160					215		－851

对方案二，第一年长期贷款 1814 万元和短期贷款 286 万元，第二年需支付长期贷款利息 181 万元，短期贷款利息 14 万元，第二年第四季度需偿还短期贷款本息 300 万元。

假定第二年资金不足部分全部用应收账款贴现来解决，需要的应收账款贴现费用计算如下：

至第二年末，现金余额为 – 851 万元，需要贴现应收账款 950 万元，贴现费用 95 万元，两年的融资费用为 181（长贷利息）万元 + 14 万元（短贷利息） + 95 = 290 万元。

经过测算，采用全部长期贷款融资的方案一比长短期贷款结合融资的方案二的融资费用少 15 万元。从第三年起，不考虑以后的各年实际发生的其他融资费用，采用长期贷款融资的费用比长短期贷款结合融资的融资费用每年多 29 万元。

3. 经营方案优化和可行性评估

经过沙盘企业的感性经营练习后，我们对企业经营规则和企业经营流程有了一定程度的了解，对企业运营管理和企业发展规律也有了一定程度的认识，在此以后，沙盘企业模拟经营需要有计划有策略地进行，每一次的活动方案都需要进行优化和可行性评估，需要选择最优和具有可操作性的活动方案。

依据“产量一定，成本最小”的思想进行方案的优化，首先确定产品业务组合和生产规模，然后配置其他各种资源形成生产运营系统，安排和变换融资方式，选择融资成本最低的方案形成方案一，再变换资源组合形成另一种生产运营系统，安排和变换融资方式，选择融资成本最低的方案形成方案二，依次进行，形成更多的方案，最后进行方案的横向比较，并根据需要确定最终的方案。在所有可能的经营方案的项目组合中，除了生产线和厂房项目，其他的建设项目都是相同且固定的，也就是说，只要变换生产线项目和融资方式的组合，就可以生成很多的经营方案，比较这些经营方案，择其优者而用之。

沿用 4 条 P2 产品、4 条 P3 产品业务组合，前面方案一和方案二是在相同生产线方案基础上分别采用全部长期贷款和长短期贷款结合的方案。这里再采用其他的生产线和融资方式组合编制不同的经营方案。下面来看一看不同方案的运营费用。

方案三：采用 4 条柔性线和 4 条自动线的生产线方案和长短期贷款结合的融资方案，其第一年、第二年的具体计划如表 3-4 所示。

表 3-4 经营活动计划和资金预算表（方案三） 单位：万元

时间		厂房	生产线	产品研发	管理费	材料采购	资金需求	现金流量	
								融资	期末余额
第一年初		期初股东投资资金 700						1814	2514
第一年	Q1	大厂房 40	4 柔，200	P2、P3，20	10		270		2244
	Q2	大厂房 40	4 柔 4 自，400	P2、P3，20	10		470		1774
	Q3		4 柔 4 自，400	P2、P3，20	10	8R3、4R4	430		1344
	Q4		4 柔 4 自，400	P3，10	10	4R1、4R2、8R3、4R4	420	286	1210
合计		80	1400	70	40		1590	2100	1210

续表

时间	厂房	生产线	产品研发	管理费	材料采购	资金需求	现金流量	
							融资	期末余额
第一年末	产品认证、市场开发共需资金 25＋50＝75					75		1135
第一年资金需求量及年末资金余额						1665		1135
时间	厂房	产品生产	产品研发	管理费	材料采购	资金需求	融资	现金余额
第二年初	广告预算：150；长贷利息：181					331		804
第二年 Q1	大厂房 40	加工费 80		10	更新 200 采购同前	330		474
第二年 Q2	大厂房 40	加工费 80		10	更新 200 采购同前	330		144
第二年 Q3		加工费 80		10	更新 200 采购同前	290		－146
第二年 Q4		加工费 80		10	更新 200 采购同前	290	－300	－736
合计	80	320		40	800	1240		
第二年末支出	市场开发及质量认证：55；生产线维护费 8×20＝160					215		－951

对方案三，在第二年没有应收账款到期的假设下，计算融资费用如下：

长短期贷款利息：181 + 14 = 195（万元）。

第二年末现金余额 – 951 万元，需要贴现应收账款 1060 万元，贴现费用 106 万元。

第二年全年融资费用：181 + 14 + 106 = 301（万元）。

第一年的综合费用：厂房租金 + 产品研发 + 管理费用 + 市场及认证 = 80 + 70 + 40 + 75 = 265（万元）。

第二年的综合费用：厂房租金 + 产品研发 + 管理费用 + 市场及认证 + 广告费 + 生产线维护费 + 融资费用 = 80 + 0 + 40 + 55 + 150 + 160 + 301 = 786（万元）。

方案三两年总运行费用为 265 + 786 = 1051（万元）。

方案四：建设 4 条柔性线和 4 条租赁线，采用第一年短期贷款和第二年长期贷款的融资方式组合，其建设项目和资金预算如表 3-5 所示。

表 3-5　经营活动计划和资金预算表（方案四）　　单位：万元

时间		厂房	生产线	产品研发	管理费	材料采购	资金需求	现金流量	
								融资	期末余额
第一年初		期初股东投资资金 700							700
第一年	Q1	大厂房 40	4 柔，200	P2、P3，20	10		270		430
	Q2		4 柔，200	P2、P3，20	10		230		200
	Q3		4 柔，200	P2、P3，20	10	8R3、4R4	230	49	19
	Q4		4 柔，200	P3，10	10	4R1、4R2、8R3、4R4	220	429	228
合计		40	800	70	40		1025	478	—
第一年末		产品认证、市场开发共需资金 25 + 50 = 75					75		153
第一年资金需求量及年末资金余额									
时间		厂房	产品生产	产品研发	管理费	材料采购	资金需求	融资	现金余额
第二年初		广告投放：150；长贷利息：0					331	900	903
第二年	Q1	大厂房 40 + 40	加 4 条租赁线 加工费 80		10	更新 200 采购同前	370		533
	Q2		加工费 80		10	更新 200 采购同前	290	47	290
	Q3		加工费 80		10	更新 200 采购同前	290	− 51 + 49	− 2
	Q4		加工费 80		10	更新 200 采购同前	290	− 450 + 429	− 313
合 计		80	320		40	800	1240		− 313
第二年末支出		市场及认证：55；生产线维护费 4×20 = 80；租赁线租金 65×4 = 260					395		− 708

对方案四，第一年 Q3 和 Q4 连续短期贷款 49 万元和 429 万元，分别于第二年 Q3 和 Q4 到期，需要分别支付本息 51 万元（其中利息 2 万元）和 450 万元（其中利息 21 万元）的资金。第一年 Q3 缺少 30 万元的资金，故短期贷款 49 万元；Q4 需要 295 万元外加广告预算 150 万元，共需 445 万元资金，Q3 现金余额为 19 万元，故第四季度短期贷款 429 万元。

第二年初贷款金额的计算：

第一年综合费用 = 40 + 70 + 75 + 40 = 225（万元）（第一年没有产品销售收入，故全部为亏损）

第一年末所有者权益 = 第一年初所有者权益 − 当年亏损 = 700 − 225 = 475（万元）。

第二年初所有者权益与第一年末所有者权益相同。

第二年初贷款额度 = 所有者权益 × 3 = 475 × 3 = 1425（万元）。

第二年初可贷款金额 = 贷款额度 − 已有贷款 = 1425 − 478 = 947（万元）。

第二年贷款方案为长期贷款 900 万元，二季度短期贷款 47 万元，贷款额度没有浪费。另外，第二年三、四季度到期的短期贷款偿还以后，可以再贷回来，实现滚动利用。

该方案的融资费用如下：

第二年到期的短期贷款利息 = 49 × 5% + 429 × 5% = 23（万元）。

第二年三季度末现金余额 = 290 − 51 + 49 − 290 = −2（万元）。

第二年四季度末现金余额 = −2 − 450 + 429 − 290 = −313（万元）。

第二年末现金余额 = −313 − 395 = −708（万元）。

经测算，第二年末现金余额为 − 708 万元，需要贴现 790 万元，贴现费用 79 万元。

第二年全年累计融资费用为 23 + 1 + 79 = 103（万元）。

第一年综合费用：225 万元。

第二年的总费用：厂房租金 + 管理费用 + 市场及认证 + 生产线维护费 + 广告费 + 融资费用 = 80 + 40 + 55 + 80 + 260 + 150 + 103 = 768（万元）。

方案四两年总运行费用为 225 + 768 = 993（万元）。

计算出方案一和方案二的总运行费用：

方案一第一年综合费用为 265 万元，第二年总费用为 760 万元，两年共计 1025 万元。

方案二第一年综合费用为 265 万元，第二年总费用为 775 万元，两年共计 1040 万元。

将以上四种方案的两年运行费用进行对比，如表 3-6 所示。在相同的假设条件下，发现采用租赁线的方案总运行费用最低，但是差距不大。

表 3-6　四种方案的两年总运行费用对比　　单位：万元

方案	厂房租金	产品研发	管理费	市场及认证	广告费	生产线维护费	融资费用	折旧费用	总费用
方案一	160	70	80	130	150	160	275	0	1025
方案二	160	70	80	130	150	160	290	0	1040
方案三	160	70	80	130	150	160	301	0	1051
方案四	120	70	80	130	150	340	103	0	992

但是每一种方案各有利弊，四种方案的优缺点对比分析如表 3-7 所示。

表 3-7　四种经营计划优缺点对比分析表

方案	生产线	融资构成	优缺点分析
方案一	6 条自动线、2 条柔性线	第一年全部长期贷款	优点是前期加分项目较多；缺点是每年长期贷款利息最高，由于融资额度利用最高，第三年新融资额度不大，需要依靠自身资金积累扩大产能或者产能扩大延后进行
方案二	6 条自动线、2 条柔性线	第一年长短期贷款结合	优点是加分项目较多；缺点是每年长期贷款利息较高，新的融资额度增长较少，产能扩张较为缓慢，但比方案一要快一些
方案三	4 条柔性线、4 条自动线	第一年长短期贷款结合	优点是加分项目最多；缺点是每年长期贷款利息较高，总费用最高，新的融资额度增长较少，产能扩展较为缓慢，与方案相同
方案四	4 条柔性线、4 条租赁线	第一年短期贷款，第二年长期贷款	优点是每年长期贷款利息低，起初资金周转压力较小，由于使用融资额度最少，在相同条件下融资额度增加最多，能够利用融资额度快速扩大产能。缺点是租赁线不能加分，后续生产费用比自动线和柔性线都高

以上只是以四种方案为例，演示方案的制定过程和优化过程，实际上还可以设计更多的方案，然后进行对比。限于篇幅，这里不做过多的赘述。

对相同产能的经营方案进行优化的步骤，可以概括如下：

（1）先确定一种生产线建设策略，然后进行各种融资组合，测算不同融资组合下各种经营方案两年的总运行费用，选择运行费用最低的融资组合方案。

（2）再确定一种生产线建设策略，与第一步的生产线策略产能相同，同样测算不同融资组合下各种经营方案两年的总运行费用，选择运行费用最低的方案。

（3）以此类推，列出尽可能多的相同产能的生产线建设策略，找出运行费用最低的方案。

（4）对每一种生产线策略下的运行费用最低的方案进行对比，分析其优点和缺点。

单纯从运行费用标准判断经营方案的优劣，并不完全科学。影响企业经营的环境因素是多种多样的，任何一种初选方案不可能应对未来出现的所有变化。在最初决策时，尽可能分析当前市场环境和预测未来的各种环境变化，在可预见的变化范围内选择较为理想的经营策略，在经营过程中要随着环境的变化进行及时的调整，以使经营策略更好地适应新的环境，不断巩固和加强企业的市场竞争地位，实现业绩的持续增长。

任何一种经营方案，都不能确保企业取得最终的成功。只有在现有经营策略的基础上，经过对市场环境和竞争态势的敏锐而独到的观察、分析和判断，通过资源的优化组合，以更好的资源效能状态来应对和把握环境中的新机会，实现企业经营业务的汰旧迎新，使企业的业务发展战略更加贴合新的环境。这种针对环境变化的调整与适应能力，需要在工作实践中进行锻炼和积累，需要不断地对过去进行总结和对现状进行反思，并且还要勇于尝试和创新，才能获得新的突破和提高。

另外，还要评估经营方案的现实可行性，对其是否适应当前的竞争环境，能否在未来的环境变化中增加应变性，是否具有发展新资源的能力等等问题进行判断，综合多种因素考虑，选择最能适应环境又能促进企业长期发展的经营方案。

练习题：制定 4P1 和 4P4 产品组合业务初始经营方案，要求制定 4 个以上的方案（手工线除外），并测算其经营费用（融资贴现资金计算到第二年末）和选择最优方案。

4P1 和 4P4 产品组合业务经营方案一　　单位：万元

时间		厂房	生产线	产品研发	管理费	材料采购	资金需求	现金流量	
								融资	期末余额
第一年初		期初现金 700							700
第一年	Q1								
	Q2								
	Q3								
	Q4								
合计									
第一年末		产品认证、市场开发共需资金：　生产线维护：							
第一年资金需求量及年末资金余额									
时间		厂房	产品生产	产品研发	管理费	材料采购	资金需求	融资	现金余额
第二年初		广告投放：　长贷利息：							
第二年	Q1								
	Q2								
	Q3								
	Q4								
合　计									
年末支出		市场及认证：　生产线维护费：　租赁线租金： 折旧费用（不需要现金）：							

生产线选择及理由：

贴现费用计算：

长期贷款利息：

短期贷款利息：

融资费用合计：

4P1 和 4P4 产品组合业务经营方案二　　　　单位：万元

时间		厂房	生产线	产品研发	管理费	材料采购	资金需求	现金流量	
								融资	期末余额
第一年初		期初现金 700							700
第一年	Q1								
	Q2								
	Q3								
	Q4								
合计									
第一年末		产品认证、市场开发共需资金：　生产线维护：							
第一年资金需求量及年末资金余额									
时间		厂房	产品生产	产品研发	管理费	材料采购	资金需求	融资	现金余额
第二年初		广告投放：　长贷利息：							
第二年	Q1								
	Q2								
	Q3								
	Q4								
合计									
年末支出		市场及认证：　生产线维护费：　租赁线租金： 折旧费用（不需要现金）：							

生产线选择及理由：

贴现费用计算：

长期贷款利息：

短期贷款利息：

融资费用合计：

4P1 和 4P4 产品组合业务经营方案三　　单位：万元

时间		厂房	生产线	产品研发	管理费	材料采购	资金需求	现金流量	
								融资	期末余额
第一年初		期初现金 700							700
第一年	Q1								
	Q2								
	Q3								
	Q4								
合计									
第一年末		产品认证、市场开发共需资金：　　生产线维护：							
第一年资金需求量及年末资金余额									

时间		厂房	产品生产	产品研发	管理费	材料采购	资金需求	融资	现金余额
第二年初		广告投放：　　长贷利息：							
第二年	Q1								
	Q2								
	Q3								
	Q4								
合 计									
年末支出		市场及认证：　　生产线维护费：　　租赁线租金： 折旧费用（不需要现金）：							

生产线选择及理由：

贴现费用计算：

长期贷款利息：

短期贷款利息：

融资费用合计：

4P1 和 4P4 产品组合业务经营方案四　　单位：万元

<table>
<tr><td colspan="2" rowspan="2">时间</td><td rowspan="2">厂房</td><td rowspan="2">生产线</td><td rowspan="2">产品研发</td><td rowspan="2">管理费</td><td rowspan="2">材料采购</td><td rowspan="2">资金需求</td><td colspan="2">现金流量</td></tr>
<tr><td>融资</td><td>期末余额</td></tr>
<tr><td colspan="2">第一年初</td><td colspan="5">期初现金 700</td><td></td><td></td><td>700</td></tr>
<tr><td rowspan="4">第一年</td><td>Q1</td><td></td><td></td><td></td><td></td><td></td><td></td><td></td><td></td></tr>
<tr><td>Q2</td><td></td><td></td><td></td><td></td><td></td><td></td><td></td><td></td></tr>
<tr><td>Q3</td><td></td><td></td><td></td><td></td><td></td><td></td><td></td><td></td></tr>
<tr><td>Q4</td><td></td><td></td><td></td><td></td><td></td><td></td><td></td><td></td></tr>
<tr><td colspan="2">合计</td><td></td><td></td><td></td><td></td><td></td><td></td><td></td><td></td></tr>
<tr><td colspan="2">第一年末</td><td colspan="5">产品认证、市场开发共需资金：　生产线维护：</td><td></td><td></td><td></td></tr>
<tr><td colspan="7">第一年资金需求量及年末资金余额</td><td></td><td></td><td></td></tr>
<tr><td colspan="2">时间</td><td>厂房</td><td>产品生产</td><td>产品研发</td><td>管理费</td><td>材料采购</td><td>资金需求</td><td>融资</td><td>现金余额</td></tr>
<tr><td colspan="2">第二年初</td><td colspan="5">广告投放：　长贷利息：</td><td></td><td></td><td></td></tr>
<tr><td rowspan="4">第二年</td><td>Q1</td><td></td><td></td><td></td><td></td><td></td><td></td><td></td><td></td></tr>
<tr><td>Q2</td><td></td><td></td><td></td><td></td><td></td><td></td><td></td><td></td></tr>
<tr><td>Q3</td><td></td><td></td><td></td><td></td><td></td><td></td><td></td><td></td></tr>
<tr><td>Q4</td><td></td><td></td><td></td><td></td><td></td><td></td><td></td><td></td></tr>
<tr><td colspan="2">合计</td><td></td><td></td><td></td><td></td><td></td><td></td><td></td><td></td></tr>
<tr><td colspan="2">年末支出</td><td colspan="5">市场及认证：　生产线维护费：　租赁线租金：
折旧费用（不需要现金）：</td><td></td><td></td><td></td></tr>
</table>

生产线选择及理由：

贴现费用计算：

长期贷款利息：

短期贷款利息：

融资费用合计：

4P1 和 4P4 产品组合业务经营方案五　　单位：万元

<table>
<tr><td colspan="2" rowspan="2">时间</td><td rowspan="2">厂房</td><td rowspan="2">生产线</td><td rowspan="2">产品研发</td><td rowspan="2">管理费</td><td rowspan="2">材料采购</td><td rowspan="2">资金需求</td><td colspan="2">现金流量</td></tr>
<tr><td>融资</td><td>期末余额</td></tr>
<tr><td colspan="2">第一年初</td><td colspan="5">期初现金 700</td><td></td><td></td><td>700</td></tr>
<tr><td rowspan="4">第一年</td><td>Q1</td><td></td><td></td><td></td><td></td><td></td><td></td><td></td><td></td></tr>
<tr><td>Q2</td><td></td><td></td><td></td><td></td><td></td><td></td><td></td><td></td></tr>
<tr><td>Q3</td><td></td><td></td><td></td><td></td><td></td><td></td><td></td><td></td></tr>
<tr><td>Q4</td><td></td><td></td><td></td><td></td><td></td><td></td><td></td><td></td></tr>
<tr><td colspan="2">合计</td><td></td><td></td><td></td><td></td><td></td><td></td><td></td><td></td></tr>
<tr><td colspan="2">第一年末</td><td colspan="5">产品认证、市场开发共需资金：　生产线维护：</td><td></td><td></td><td></td></tr>
<tr><td colspan="7">第一年资金需求量及年末资金余额</td><td></td><td></td><td></td></tr>
<tr><td colspan="2">时间</td><td>厂房</td><td>产品生产</td><td>产品研发</td><td>管理费</td><td>材料采购</td><td>资金需求</td><td>融资</td><td>现金余额</td></tr>
<tr><td colspan="2">第二年初</td><td colspan="5">广告投放：　长贷利息：</td><td></td><td></td><td></td></tr>
<tr><td rowspan="4">第二年</td><td>Q1</td><td></td><td></td><td></td><td></td><td></td><td></td><td></td><td></td></tr>
<tr><td>Q2</td><td></td><td></td><td></td><td></td><td></td><td></td><td></td><td></td></tr>
<tr><td>Q3</td><td></td><td></td><td></td><td></td><td></td><td></td><td></td><td></td></tr>
<tr><td>Q4</td><td></td><td></td><td></td><td></td><td></td><td></td><td></td><td></td></tr>
<tr><td colspan="2">合计</td><td></td><td></td><td></td><td></td><td></td><td></td><td></td><td></td></tr>
<tr><td colspan="2">年末支出</td><td colspan="5">市场及认证：　生产线维护费：　租赁线租金：
折旧费用（不需要现金）：</td><td></td><td></td><td></td></tr>
</table>

生产线选择及理由：

贴现费用计算：

长期贷款利息：

短期贷款利息：

融资费用合计：

4P1 和 4P4 产品组合业务经营方案六　　单位：万元

<table>
<tr><td colspan="2" rowspan="2">时间</td><td rowspan="2">厂房</td><td rowspan="2">生产线</td><td rowspan="2">产品
研发</td><td rowspan="2">管理费</td><td rowspan="2">材料采购</td><td rowspan="2">资金
需求</td><td colspan="2">现金流量</td></tr>
<tr><td>融资</td><td>期末
余额</td></tr>
<tr><td colspan="2">第一年初</td><td colspan="5">期初现金 700</td><td></td><td></td><td>700</td></tr>
<tr><td rowspan="4">第
一
年</td><td>Q1</td><td></td><td></td><td></td><td></td><td></td><td></td><td></td><td></td></tr>
<tr><td>Q2</td><td></td><td></td><td></td><td></td><td></td><td></td><td></td><td></td></tr>
<tr><td>Q3</td><td></td><td></td><td></td><td></td><td></td><td></td><td></td><td></td></tr>
<tr><td>Q4</td><td></td><td></td><td></td><td></td><td></td><td></td><td></td><td></td></tr>
<tr><td colspan="2">合计</td><td></td><td></td><td></td><td></td><td></td><td></td><td></td><td></td></tr>
<tr><td colspan="2">第一年末</td><td colspan="5">产品认证、市场开发共需资金：　生产线维护：</td><td></td><td></td><td></td></tr>
<tr><td colspan="7">第一年资金需求量及年末资金余额</td><td></td><td></td><td></td></tr>
<tr><td colspan="2">时间</td><td>厂房</td><td>产品生产</td><td>产品
研发</td><td>管理费</td><td>材料采购</td><td>资金
需求</td><td>融资</td><td>现金
余额</td></tr>
<tr><td colspan="2">第二年初</td><td colspan="5">广告投放：　长贷利息：</td><td></td><td></td><td></td></tr>
<tr><td rowspan="4">第
二
年</td><td>Q1</td><td></td><td></td><td></td><td></td><td></td><td></td><td></td><td></td></tr>
<tr><td>Q2</td><td></td><td></td><td></td><td></td><td></td><td></td><td></td><td></td></tr>
<tr><td>Q3</td><td></td><td></td><td></td><td></td><td></td><td></td><td></td><td></td></tr>
<tr><td>Q4</td><td></td><td></td><td></td><td></td><td></td><td></td><td></td><td></td></tr>
<tr><td colspan="2">合　计</td><td></td><td></td><td></td><td></td><td></td><td></td><td></td><td></td></tr>
<tr><td colspan="2">年末支出</td><td colspan="5">市场及认证：　生产线维护费：　租赁线租金：
折旧费用：　（不需要现金）</td><td></td><td></td><td></td></tr>
</table>

生产线选择及理由：

贴现费用计算：

长期贷款利息：

短期贷款利息：

融资费用合计：

各种备选方案的运行费用计算表　　单位：万元

方案	厂房租金	产品研发	管理费	市场及认证	广告费	生产线维护	折旧费用	融资费用	总费用
方案一									
方案二									
方案三									
方案四									
方案五									
方案六									
…									

最终方案选择说明：

3.2　执行经营方案

任务描述

按照最初的经营方案完成模拟企业的第一年和第二年运营，然后根据现有经营业务的市场竞争强度，有针对性地加强或调整现有产品业务组合，配合相应的产品策略、市场策略、产能扩张计划、融资策略等具体措施，提高产品销售和增加利润，努力实现增长目标。

3.2.1　经营方案执行的基本策略

企业的经营管理是有规律可循的，这些规律需要在经营管理实践中不断地发现、完善和提高。

沙盘企业经营的六年时间周期大致可以分为三个时期：第一、二年为打基础的时期。第一年需要建立生产运营系统，完善各种生产经营条件，第二年是生产销售的第一年，需要努力提高销售，增加利润和提高权益，是非常关键的一年。第三、四年是快速发展壮大的时期，需要进行产能准备和资源积累。第五、六年是实现企业利润高速增长的时期。抓住第五、六年的销售机遇，就能创造良好的业绩。

盈利不是衡量企业经营成果的唯一指标，还有其他的衡量指标。在沙盘企业经营目标的设计中，设计的所有者权益发展指标和企业发展潜力增长指标，体现了现代企业管理思想关于企业发展目标的新思想、新认知。在企业的生产经营活动中，盈利是最基本的要求，但不是企业的终极目标。在长期的发展过程中，企业追求财务目标和非财务目标的同时，还要考虑企业的社会使命和责任担当以及对环境保护的要求，这是现代企业管理思想关于企业经营目标的新思想，也是企业能够持续发展的内在逻辑。

企业要实现长期发展，就需要有持续的盈利能力。企业的盈利能力取决于与竞争对手在争取顾客和服务顾客方面的能力。谁能比竞争对手更多更好地服务顾客，谁能使顾客更满意，谁就能战胜对手，从而在不断变换的环境中取得竞争优势和保持长久盈利能力。

所以，实现盈利是企业生存与发展的基本要求，企业在盈利的同时，要不断发展新的竞争能力，如市场感知能力、与顾客建立联系和理解顾客需求的能力、新产品提供能力、新技术的发明创造能力等，利用这些非财务回报获取竞争优势，通过竞争能力的新旧替代和竞争优势的新老迭代，维持企业的持续健康发展。

沙盘模拟企业经营就是在追求盈利的同时，不断提高企业综合发展潜力指标，通过两者的共同增长来实现经营积分的最大化。这就要求在沙盘模拟企业经营中，运用现代企业管理思想和原理，制定科学的发展战略和正确的企业发展目标，在追求利润和企业发展潜力之间合理配置资源，运用良好的环境适应性策略贯彻和执行企业的各项经营管理策略，努力争取更好的业绩增长和实现企业更健康的成长。

3.2.2 具体经营策略

1. 产品与市场扩展策略

最初制定的企业经营方案，是在对市场需求分析和竞争对手经营策略初步了解的基础上做出的，还需要在订货会上经历真正的考验。在第二年订货会上经历了获取销售订单的竞争后，就基本了解了各个竞争对手的产品策略、广告策略及其经营风格，对本企业产品业务的发展前景和竞争情况有了基本的判断，就要决定是继续发展壮大现有产品业务还是开发新产品业务等业务发展策略。第二年及以后的业务发展策略，可以用“产品—市场扩展方格”进行设计和选择（见图 3-1）。针对产品和市场的不同，企业可以采取的策略有很多：加强现有产品在现有市场销售的市场渗透策略；把现有产品推广销售到新开发市场的市场开发策略；在现有市场推出新产品的产品开发策略；在新市场推出新老产品的多元化战略；开发新产品新市场，在所有市场销售所有产品的密集增长战略；用新产品替代老产品的业务革新策略或者放弃现有市场专注新市场的市场转移战略，等等。在这些产品与市场扩展方格的所有可能战略中，根据企业的经营状况和市场竞争情况去选择适合自己的业务发展策略。

	现有市场	新市场
新产品	新产品开发战略	多元化战略
现有产品	市场渗透战略	市场开发战略

图 3-1 产品与市场扩展方格

2. 产品策略

在之后的经营中，在现有市场加大广告投入以争取更高的销售，同时开发新市场以推广销售现有产品，这是现实中的企业所采取的最为理想的经营策略。但在沙盘模拟环境下，在现有市场争取更多订单的想法不太现实，即使投放再多的广告费，由于选单规则的限制，也只能进行有限次数的选单，争取到的产品订单量有限，不能满足企业产能扩张的需求。因此，为现有产品开发新市场是理所当然的选择，既能节省开发新产品的费用，又能使广告预算集中投放于现有产品而避免广告分散投放多种产品所带来的广告费用增加或者撒盐式广告投放导致的订单交货期的选择与匹配等问题。该种业务发展战略还减少了因发展新业务所带来的材料采购、资金预算、生产组织、订单交货等方面工作量的增加而可能出现的操作失误。而一次操作失误有可能打乱整个经营计划，甚至毁掉一个良好的经营局面。

现有业务发展势态良好，但继续扩大该业务会导致竞争加剧和订单获取困难，这时就应积极开发新市场、新业务和增加产能，在巩固现有业务市场地位的同时，通过开发新业务扩大销售和增加利润。由于该种策略产品业务较多，如果在所有市场销售全部产品，会导致广告费用剧增，所以应选择均价高和需求量大的产品市场进行选择性经营，达到提高产品销售和降低广告费用的目的。

如果现有业务竞争激烈，拿到的订单难以满足现有的生产计划，就应开发新的产品，淘汰部分订单争夺异常紧张的产品，优化产品结构，用新整合的业务开展竞争。该种策略存在产品转换周期较长、资金紧张和产品转产停产等诸多难题，但采取艰难行动比困守危局是更加有作为的积极策略，灵活机智的应变常常能收获意想不到的结果。

在现有业务订单争取异常困难的情况下，寻求业务变革往往缺乏必要的资源。这时即使再艰难，也要腾出资金继续开发新市场，通过扩大市场来缓解目前的销售困难，这样成本低且较为可行，因为在资金紧张时期进行产品业务的替代，时间长且耗资大，加之产品转产所导致的成本费用增加，稍有不慎就可能导致企业破产。

把企业的经营仅限于部分市场或者部分产品，都不能取得好的业绩。把企业经营的产品业务局限在个别市场会导致销售订单数量不足，出现产品积压和资金占用，进而引发资金周转困难；经营的产品种类太少，必然会增加产量来增加销售，这会与竞争对手产生激烈的订单争夺，势必会增加广告投入，但不一定能够获得足够的订单量，因为每个市场的订单是有限的；个别产品和个别市场的组合，要冒订单不足、产品价格下跌和广告投放增加等风险。过于保守或过于激进的经营策略都不是取得好绩效的办法，通过对市场预测的深入细致分析和对竞争对手的全面了解的基础上，根据自身的经营能力，选择恰当的产品组合与市场策略，适时地调整产品业务组合和变换市场策略，抓住一切可能的机会，实现经营业绩的增长。

3. 市场和广告投放策略

在 ERP 沙盘模拟经营环境下，开发全部市场是上上策，这不仅能给经营团队带来更多的销售机会，还能增加企业发展潜力指标。

在广阔的市场给企业带来丰厚的销售利润的同时，还由于市场的互补性，企业能够在不同市场里寻找最好的销售机会，更由于市场需求等有中断，全部市场开发保证企业有充足的市场可供选择，既保证了销售的稳定性，又有可能降低广告总费用。

开发部分市场策略，由于市场较小，欲实现较高的销售业绩，只能生产多种产品，这样可能出现广告投放分散、广告费用增加、产品生产规模小、产品交货时间变长、订单匹配难度加大、货款收取期限延迟、资金贴现增多等一系列问题，导致经营管理难度增加和经营业绩的下降。

随着各经营团队整体产能的扩大，市场供给逐渐增多，对 4 个交货期订单的争夺会变得异常激烈。各经营队伍为了保障每年四季度产品的销售，竞相提高广告投放，导致广告费用越来越高。为避免高额广告给销售利润造成巨大压力或者鹬蚌相争、渔翁得利情况的出现，可以在不同市场上采用高低组合的广告投放策略，还可以利用柔性线转产其他竞争不激烈产品来替代竞争激烈产品的第四季度产量。总之，要抓住一切可能的机会，降低费用和提高销售，用积极进取的策略来实现业绩的持续增长。

另外，放弃某些竞争激烈的产品，对于想要取得好成绩的经营队伍可能是个错误。你一旦放弃，等同于把好的盈利机会拱手让人了，竞争对手会轻而易举地获得他们想要的订单。这时，可以采用灵巧的卡位策略，迫使竞争对手加大广告投入，阻止其得到更多的订单，然后利用灵活的转产策略和富有技巧的广告投放来消化不能售出的产品。

4. 产能扩张策略

在模拟经营的中期，开始增加产能、扩大生产。产能扩张可以通过自建生产线或者租赁生产线两种方式实现。自建生产线可以增加企业发展潜力，但用时长，需要的资金较多；租赁生产线可以迅速投入生产，需要的资金少，但不能增加企业发展潜力。各企业可根据自身需求和能力选择其中一种或两种方法结合的策略实现产能扩张计划。

产能扩张要紧跟市场扩大的步伐，需要提前进行现金流量的预估和项目可行性的评估，在优先保证生产周转资金的前提下，择机增加产能扩大生产，抓住即将到来的销售机遇期，促进企业发展壮大。

在建设产能项目时，要在所有者权益增加和企业发展潜力增长的项目之间合理配置资源，同时处理好配置资源的时间节奏，再结合其他非产能项目，努力寻求两者的均衡点，通过资源配置策略的不断创新和优化，促进所有者权益指标和发展潜力指标之间的配合关系更加合理与均衡，实现经营积分的更大化。

5. 融资策略

在长期经营中，融资是不可避免的事情。长期贷款主要用于为企业的长期建设项目筹集资金，短期贷款主要满足企业的短期流动资金需求，应收账款贴现主要用于临时应急之需，其他融资途径，如厂房贴现、出售库存、变卖生产线等只是解燃眉之急，不能作为经常性的融资途径使用。

在不同的经营阶段，应采取不同的融资策略。在经营活动开展之初，固定资产建设是长期投资项目，需要资金量大，用长期贷款或者长短期贷款组合方式筹措资金比较适宜。在经营活动开展的中后期，因生产和销售活动产生了大量现金流以及所有者权益增长而增加的融资额度，企业更多地选择短期贷款这种融资成本最低的融资方式，因此，在企业现金不能满足企业生产周转和项目建设资金需要时，优先考虑短期贷款，在没有融资额度时再考虑资金贴现和其他的临时性融资工具。每一次短期贷款金额不宜过高，以满足本季度资金周转和下季度初偿还短期贷款本息的需要金额为限，每年四季度的短期贷款还要考虑下一年初的三项资金需求和第一季度的短期贷款本息偿还。在进行短期贷款之前，先要观察本季度的应收账款更新数额，贷款时需要扣除能够收取的现金和期初现金余额。

6. 企业经营流程控制的辅助工具

为了有效地协调和控制企业的各项经营活动与活动过程，需要设计一些辅助工具以提高控制工作的可视化、标准化。

现金流量预测是模拟企业经营每年都需要进行的工作，它是预测和控制企业资金流动的有效方法。

按照负债、资产、综合费用和利息项目设计现金流量预测表（见表 3-8），能够预测各个项目的现金收支情况，也可以计算综合费用和利息，还能控制整个经营活动的资金收支平衡，防止企业盲目经营而导致现金断流甚至破产。

表 3-8　现金流量预测表

项目		第一年				第二年				第三年				第四年				第五年				第六年			
		1	2	3	4	1	2	3	4	1	2	3	4									1	2	3	4
	期初余额																								
负债	长期贷款																								
	短期贷款																								
资产	厂房购买																								
	生产线建设																								
	账款更新贴现																								
	材料更新																								
	产品加工																								
综合费用	广告投放																								
	转产费用																								
	产品研发																								
	管理费用																								
	厂房租金																								
	损失费用																								
	生产线维护																								
	ISO 投资																								
	市场开发																								
	生产线租赁																								
利息	贷款利息																								
	资金贴息																								
	期末余额																								

设计折旧费用计算表（见表 3-9），可以帮助初次沙盘模拟实训的学生登记和计算生产线的折旧费用，以便准确预测企业损益。

表 3-9　折旧费用计算表

生产线	第二年	第三年	第四年	第五年	第六年
柔性线 1					
柔性线 2					
柔性线 3					
柔性线 4					
⋮					
自动线 1					
自动线 2					
自动线 3					
自动线 4					
⋮					
合计					

设计损益与权益预测表（见表 3-10），可以提前预估本年的盈利和所有者权益增长情况，提早预知下一年的贷款额度增加情况和资金的宽松程度，从而事先规划本年和下一年的经营活动项目，帮助企业有计划有节奏地发展壮大。

表 3-10　损益与权益预测表

<table>
<tr><th colspan="2"></th><th>第一年</th><th>第二年</th><th>第三年</th><th>第四年</th><th>第五年</th><th>第六年</th></tr>
<tr><td colspan="2">销售收入</td><td></td><td></td><td></td><td></td><td></td><td></td></tr>
<tr><td rowspan="4">成本费用</td><td>直接成本</td><td></td><td></td><td></td><td></td><td></td><td></td></tr>
<tr><td>综合费用</td><td></td><td></td><td></td><td></td><td></td><td></td></tr>
<tr><td>财务费用</td><td></td><td></td><td></td><td></td><td></td><td></td></tr>
<tr><td>折旧</td><td></td><td></td><td></td><td></td><td></td><td></td></tr>
<tr><td colspan="2">税前利润</td><td></td><td></td><td></td><td></td><td></td><td></td></tr>
<tr><td colspan="2">所得税</td><td></td><td></td><td></td><td></td><td></td><td></td></tr>
<tr><td colspan="2">年度净利润</td><td></td><td></td><td></td><td></td><td></td><td></td></tr>
<tr><td colspan="2">所有者权益</td><td></td><td></td><td></td><td></td><td></td><td></td></tr>
</table>

练习题：描述本经营团队经营策略的变化，说明变化或不变的原因，并评价最终经营结果。

3.3 实训总结与汇报

任务描述

各经营团队提前撰写本轮模拟经营的总结报告，由教师公布各团队的经营成绩，由各组CEO、代表分别汇报经营活动概况和心得体会，最后各组之间交流经验和感想。

3.3.1 总结报告的内容

1. 所在企业的经营状况

（1）经营计划概述。

从经营目标、具体经营策略情况等方面进行描述。

（2）经营过程描述。

从第 1 ~ 6 年的产品业务组合的变化、产能变化、产品销售情况、融资情况变动、利润与权益的变化等方面进行描述。

（3）企业经营的得失分析。

从经营目标的实现情况，经营绩效增长分析，出现的失误、原因及教训等方面进行分析。

2. 心得体会

（1）企业经营的体会。

主要概括企业经营管理的规律与思想。

（2）对做人做事的感悟。

体验沙盘模拟企业经营过程，并从中总结出一些做人做事的道理。

3.3.2 汇报

步骤一：介绍各个企业的经营成果排名；

步骤二：各个企业的 CEO 进行六年经营状况的汇报；

步骤三：各组推荐代表做心得体会汇报；

步骤四：现场经验交流与讨论。

第 4 章　高级策略运营企业

实训目标

- 了解战略制定的过程、方法和策略；
- 分析模拟企业市场环境和竞争环境，制定适合团队自身能力和资源的经营战略；
- 建立有利于战略执行的团队工作规则和团队合作文化，实现团队经营目标；
- 展示经营成果和分享经验教训。

4.1　战略选择

任务描述

了解战略制定的过程。

4.1.1　战略选择及其重要性

1. 战略概述

制定和执行公司战略是管理一个企业并在市场中获胜的核心和灵魂。公司的战略是一系列竞争策略和经营方法的联合体。管理者运用这些竞争策略和经营方法来争取独特的顾客，成功进行竞争，创造和保持经营特色，并实现组织目标。在精心设计战略时，在公司可以选择的所有途径中，做出决定集中于市场并满足顾客需求，以这种特定的方式进行竞争，在特定的领域持续地分配公司的资源和力量，并运用独特的方法实现盈利。因此，一个公司的战略显示出管理层在目标市场、经营方式和竞争手段方面的一系列选择中做出的抉择。一定程度上讲，这些抉择是关于哪些在过去发生作用、哪些没有发生作用这种组织学习中反复试验的结果，也是对与公司有关的所有环境因素进行系统分析和战略思考的产物。

（1）建立竞争优势。

公司战略的核心是采取一系列行动步骤来加强公司的长期竞争地位和财务绩效。公司战略包括采取一些行动对竞争对手的市场地位进行挑战并试图建立竞争优势，采取另外一些行动来防御竞争压力的威胁、竞争对手的策略以及其他威胁公司生存和发展的活动。强大的战略能够在市场和公司内部打造一系列行动步骤的能力并能产生可持续的竞争优势。具有竞争优势的企业会有良好的发展前景，能够赢得市场并能实现高于平均水平的利润，而不具有竞争优势的公司将冒着被对手战胜的风险，可能面临较差的财务绩效。

构筑竞争优势最常使用的四种战略方法是：

① 总成本领先战略。争取成为行业中的低成本提供者，由此获得相对竞争对手的成本领先竞争优势。

② 差异化战略。基于差异化特色战胜竞争对手，如高质量、广泛的产品选择、可靠的性能、优质的服务、吸引人的款式、技术领先或者高性价比。

③ 聚焦战略。集中于一个狭窄的利基市场，相比竞争对手更好地满足该市场中购买者的特殊需求和偏好，以此获取竞争优势。

④ 发展专门技术与资源力量。它们能带给公司竞争力，这种能力是竞争对手靠自身能力无法轻易模仿或超越的。相比拥有优质的产品，要想获得优于竞争对手的持久的竞争优势，更多的是依靠构筑有竞争价值的专门技术和能力，一个公司长期发展且日益完善的技术秘诀和专有的竞争能力在短时间内是很难被模仿复制的。

（2）公司的战略内容。

公司的管理者需要考虑通过什么样的途径和方法来建立公司的竞争策略和经营方法，这些方法和途径并不是固定的，通常情况下要进行战略分析。图 4-1 显示了制定公司整体战略时需要分析的内容。

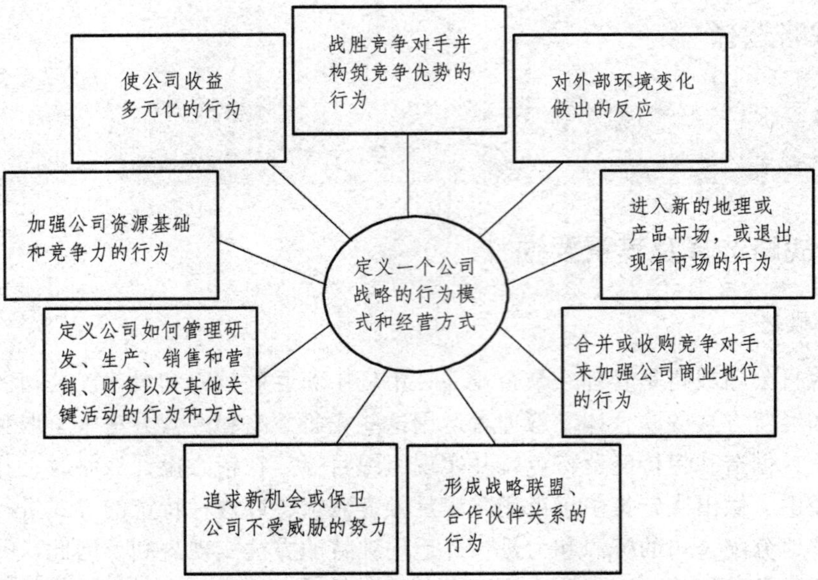

图 4-1　公司战略分析内容

资料来源：小阿瑟 A. 汤普森，约翰 E.甘布尔，等. 战略管理[M]. 北京：机械工业出版社，2007.

（3）战略：主动与应变。

典型的公司战略应该包括两种行动：一种是公司管理者一方发起主动和计划性的进攻；

另一种是对无法预期的发展和新市场状况做出应变性回应（见图 4-2）。公司当前战略最大部分来源于以前发起的、运转得足够好、值得继续的行动和经营方式以及最新发起的用于加强公司整体地位和绩效的主动性进攻。这部分行动是有计划的、主动的，是管理人员进行公司状况分析和战略思考，以及得出的关于公司如何在市场中定位并应付竞争者的产物。但是未来商业环境的不确定性和无法预期性阻碍了公司管理者事先策划每个必要的战略行动。公司战略的一部分总是在不确定性中得到发展，包括对变化的顾客偏好、对手公司最近的战略调整、顾客方面的新需要和期望、新兴的技术和市场机会、正在转变的政治或经济气候以及其他无法预见的事件做出应变性的反应（战略就这样随之而来）。因此，构思一个战略不仅涉及事先把一个广泛的战略意图缝合在一起，还要随着事件的开展和围绕公司环境的变化逐步修改（适应性/应变性）。总之，公司的实际战略管理过程是管理者适应环境，以及管理者从经验中学习并试图改进的塑造与再塑造过程。

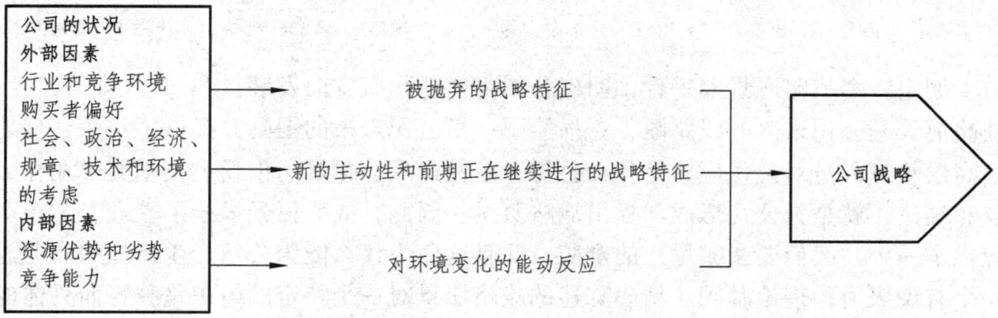

图 4-2　公司的实际战略：主动、应变

资料来源：小阿瑟 A. 汤普森，约翰 E. 甘布尔等.战略管理[M]. 北京：机械工业出版社，2007.

公司战略是一项不断前进的工作。频繁调整战略是不必要的，大规模的战略变动会造成组织分裂并使顾客感到困惑，因此持续地调整一个基本上合理的战略，使之与变化的市场环境保持协调，要比试图在每个转折点都改动基础战略收益更大。

公司战略是动态的，公司战略总是在等待市场、竞争环境、管理思想以及其他任何管理者认为有理由进行战略调整的新变化出现而不断进行完善。从长期看，由于市场、竞争环境和公司环境不会一成不变，公司管理者有义务不断重新评估其战略，尽可能跟上变化的步伐，经常广泛地进行调整。

（4）公司战略与经营模式的关系。

公司的经营模式说明企业如何才能在一个可接受利润率的价格和成本水平之上将价值传递给顾客。公司的经营模式管理的是故事情节，包括公司产品和竞争手段如何以及为什么能产生收益，并有一个相关的成本结构，能产生有吸引力的投资收益和回报。

围绕公司经营模式的本质问题是，从盈利的角度看，所选择的战略是否达到良好的经济效益。公司战略主要与它的竞争主动性和商业手段有关，经营模式关注从战略中产生的收益和成本是否体现了企业的生存能力。已经运转了一段时间并获得可接受利润的公司都有一个成功的经营模式：有明显的证据表明其战略有能力盈利，而且企业有能力生存。处在创业启动和亏损阶段的公司，其经营模式往往存在很大问题：其战略没有产生必要的最低盈利。人们对这些企业打算如何赚钱以及其生存能力产生怀疑。

2. 战略制定和执行过程的主要工作任务

制定和执行公司战略的管理过程由五个相关且完整的阶段组成（见图 4-3）。

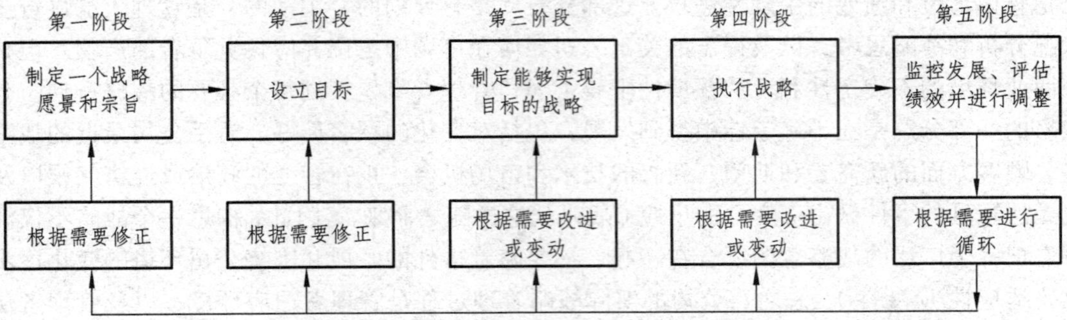

图 4-3　战略制定和执行过程

资料来源：小阿瑟 A. 汤普森，约翰 E. 甘布尔，等. 战略管理[M]. 北京：机械工业出版社，2007.

（1）制定一个战略愿景和宗旨，明确公司需要朝什么方向发展。

战略愿景是公司未来的线路图，它描绘了一幅公司未来的图画并提供了一条合理的实现路径。高层管理人员对公司应该是什么公司，以及产品、顾客、市场、技术集中在什么方向的观点和结论，就是为公司形成和提出战略愿景。因此，战略愿景描绘了管理者对企业的渴望，提供了一个“我们要去哪里”的全貌，并且这些为什么能为公司产生良好的商业意义提供了一个有说服力的理论基础。精确陈述的战略愿景对一个特定的组织是独特而具体的。如绿色和平组织的战略愿景表述为“停止环境滥用，促进环境解决方案”。

公司的战略愿景描绘了公司的未来经营范围（“我们要去哪里”），而公司的宗旨代表性地描述了它目前的经营范围和经营意图（“我们做什么，为什么我们在这里，以及现在我们在哪里”）。

制定了明确且合理的战略愿景之后，接下来就是有效地向底层经理和员工传达战略愿景。只有当战略愿景阐述烙印在组织成员的脑海中，然后转化为硬性的目标和战略时，战略愿景才能变成现实。

公司价值是公司追求战略愿景所坚持的信念、原则以及合并成公司运营和组织成员行为的做事方式。它通常与公平、正直、道德规范、创新、合作、质量、顾客服务、社会责任和社区公民职责等有关。公司价值陈述一般包含 4 ~ 8 个价值，理想中，它们同公司愿景、战略和经营实践紧密相连，并强化了公司愿景、战略和经营实践。例如，家得宝是美国一家仓储式公司，在寻求成为世界上最大的家居产品零售商的过程中，体现了 8 个价值（企业家精神、优质的顾客服务、回报社会、尊敬所有人、做正确的事、照顾人们、建立强大的关系、创造股东价值）。

（2）设立目标，将战略愿景转变成公司要实现的明确绩效目标。

设立目标的目的是将战略愿景转化为明确的绩效目标，即公司管理者想要取得的效果和成果，以此来评价组织的发展和成绩。目标是具体可测量的，包括财务目标和战略目标。财务目标是企业希望实现的财务绩效目标，战略目标是企业增强其市场地位、竞争活力和未来经营前景的结果。

（3）制定实现目标的战略，然后让公司朝它想去的方向发展。

制定战略就是积极寻找做新事情的机会或者以一种新的方法做现有的事情。制定战略时，要研究市场趋势和竞争对手的行动，倾听顾客需要并预测他们变化的需求和期望，仔细观察新技术发展所带来的商机，通过收购或新产品引进建立公司的市场地位，并采取一些方式加强公司的竞争能力。

战略制定的内容包括：如何扩展业务；如何取悦顾客；如何战胜对手；如何对变化的市场环境做出回应；如何管理每一项的功能性业务并发展所需的组织能力；如何达到战略目标和财务目标。

发展战略愿景和宗旨、设立目标，是制定战略基本的、确定方向的任务。公司战略确定后，将战略愿景、目标与战略合并为战略计划，内容包括公司发展的基本方向，短期和长期目标，实现目标的竞争步骤和行动方式，以及应对行业和竞争环境、行业关键竞争者的预期行动和对公司造成障碍的挑战和重大问题。

多元化或者多种业务的公司需要制定不同层次的战略。公司层战略是一些战略提案和行动的集合，包括公司如何在不同行业中建立竞争地位、管理层采取何种方式来提高各业务的相关绩效以及获取跨业务协调配合的方法，并将这些方法转化为竞争优势。业务层战略关注的是在一个具体业务线中产生成功绩效所制定的行动和方式，关键是对变化的市场环境做出反应，发起行动以加强市场地位，构筑竞争优势，发展强大的竞争能力。职能层战略关注的是在一个业务范围内，管理某些职能或业务过程或关键活动所采用的行动、方法和实践。每个业务内部的经营战略关注相对狭窄的战略提案和方法。

（4）贯彻执行所选择的战略，力求效果和效率。

战略执行是一项以实施为导向的、使战略变为现实的活动，旨在以一种战略支持的方式提高核心业务活动的绩效。战略执行的有效性与效率可以检验公司经理指导组织变化、激励员工、建立并加强公司竞争活力和竞争力、创造战略支持的工作氛围、满足或超过绩效目标的能力。

在大多数情况下，管理战略执行的过程包括以下几个方面：

① 向组织提供具有所需技能和专门技术的员工，有意识地建立并加强战略支持的竞争力和竞争的能力，并合理组织这些工作；

② 制定预算，引导资源流向那些对战略成功十分关键的活动；

③ 确保政策和操作程序促进而不是阻碍组织战略的有效行动；

④ 运用流传久远的实践来执行核心业务活动，并推动不断进步，同时必须定期重新评估事情的进展，并坚持不懈地追求有用的变化和改进；

⑤ 安装信息和操作系统，使公司员工天天能够更好地执行其战略角色；

⑥ 激发员工积极地追求目标；

⑦ 把绩效目标和良好的战略执行相联系，尝试直接使用奖金和激励措施；

⑧ 营造公司文化工作氛围；

⑨ 施加所需的内部领导权，不断对战略执行的过程进行改进。

良好的战略执行需要在战略和组织能力之间、战略和利润构成之间、战略和内部操作系统之间，以及战略和组织工作氛围、文化之间创造很强的适应性。这些适应性越强，执行效果越好，公司实现其绩效目标的机会就越高。

（5）评估绩效，根据实际经历、变化的环境、新思想和新机会，在远见、长期方向、目标战略或执行方面主动进行调整。

公司的愿景、目标、战略和战略执行永远没有终点，战略管理是一个持续的过程，而不是一个宣布开始然后结束的事情。

评估公司的进步、评价外部环境变化的影响，进行必要的调整，是决定继续执行或是改变公司愿景、目标、战略或战略执行方法的出发点。如果公司遇到了环境中的破坏性变化，就需要提出方向和战略适用性的问题。随着时间的推移，公司总会适时修改它的战略愿景、方向、目标和战略。

3. 战略为什么重要

制定和执行战略是高层管理者优先考虑的两大任务，其非常重要的原因有两个方面。

首先，对于公司经理，非常有必要提前计划如何进行公司的经营。一个清晰、理由充分的战略是管理者经营企业的指示灯，是获取竞争优势的地图，是赢得顾客并完成绩效目标的策略。要想在市场中获胜，需要一个良好的机会主义战略，它的特点通常是，外部创新的战略进攻，以策略战胜竞争对手，保护可持续的竞争优势，然后利用这种市场优势获得较高的财务业绩。一个在市场中瞄准了本垒打的强大战略，能够驱使公司从跟随地位进入领导地位，使公司的产品或服务变成行业标准。取得高回报的企业几乎都有精明的战略，相反，缺乏有效战略的公司不会到达行业等级的顶峰，或者有待于做得更好。只有少数公司能够夸耀——由于幸运的突破或无意间在适当的时候用适当的产品进入了适当的市场——它们的战略在市场中击中了本垒打。因此，公司战略的重要性无可争辩。

其次，一个聚焦于战略的组织比其他组织更有可能彻底地执行战略。管理战略制定和执行的质量对公司收益、现金流和投资收益有巨大的影响。一个缺乏方向、目标模糊或要求偏低、战略混乱或错误，看起来不能彻底执行战略的公司，它的财务业绩最有可能遭受损害，业务长期处于风险中，并且缺乏有效管理。另外，如果能够在战略制定与执行过程中的五个阶段充分利用战略管理的各种方法，不同部门、科室、经理和工作组越有可能整合首创精神和活动，形成一股协同、内聚的努力。在成功实现战略和实现既定绩效目标的背后是整个团队的努力，这种努力能够使公司资源充分流动，能够让公司尽最大努力经营。

有人说“好的战略 + 好的战略执行 = 好的管理”，制定和执行战略是核心的管理职能。在经理人所做的事情中，没有什么比管理团队提出公司发展方向、制定有效竞争的战略步骤和经营方式、推动内部所需要的改进、使战略能够有效执行更能影响到公司经营的最终成败。实际上，好的战略和好的战略执行是有效管理最值得信赖的标志。经理人设计了一个有可能光彩夺目的战略，但是没能运用适当的组织方法，以一种有效的方式执行它，这样的经理人是不值得表彰的。软弱无力地执行战略或许会破坏战略的潜力，导致顾客满意度下降甚至导致公司业绩不佳。同样，一个普通战略的充分执行也不值得鼓励。因此，进行有效战略管理必须同时具备好的战略制定和好的战略执行。公司战略构思得越好，执行得越充分，公司经理越有可能在市场中成为杰出的经营者。

4.1.2 市场环境分析

对企业的外部环境和内部环境的有效诊断是管理者成功制定战略的先决条件。若一个战略非常适合企业目前的状况，可以建立竞争优势，并支持企业绩效的提高。在制定企业战略的过程中，管理者应遵循合理的顺序：先对企业的外部环境和内部环境作战略评价，然后对最有建设性的备选战略和业务模型进行评价，最后选择战略（见图 4-4）。

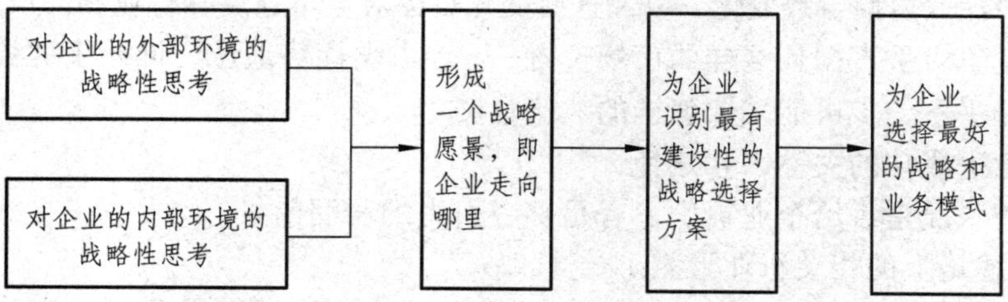

图 4-4　从战略思考环境因素到选择企业的战略

资料来源：小阿瑟 A. 汤普森，约翰 E. 甘布尔，等. 战略管理[M]. 北京：机械工业出版社，2007.

所有企业都是在由众多影响因素形成的宏观环境中运营的，这些影响因素来自宏观环境、行业环境和竞争环境（见图 4-5）。企业的外部环境包括企业边界之外的所有相关因素与影响因素，其中相关因素指对企业最终做出的关于发展方向、发展目标、发展战略以及业务模式等决策有重要影响的因素。一般说来，宏观环境因素对企业的业务状况、企业发展方向和战略的影响是间接而有限的。尽管如此，了解宏观环境中若干相关因素的发展与变化趋势有利于企业战略制定者矫正自己的视野和调整企业的战略。当企业管理者们审视外部环境的时候，他们必须分析宏观环境因素变化的作用与影响，并根据需要调整企业的发展战略。

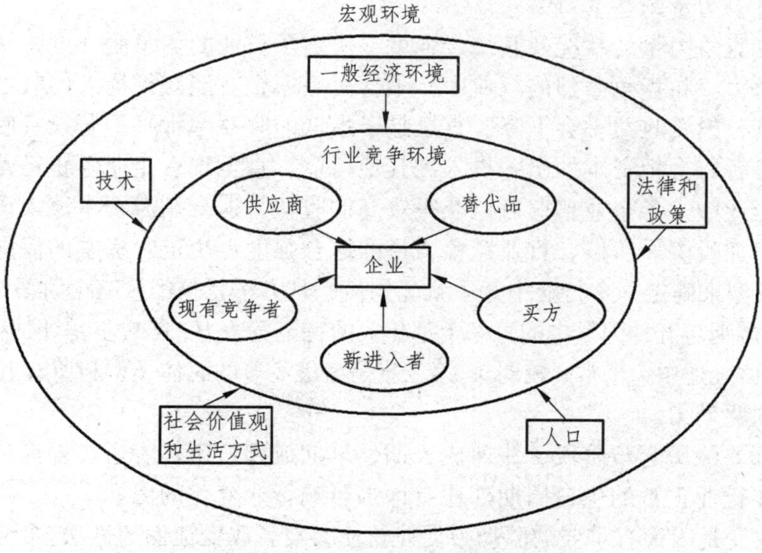

图 4-5　公司宏观环境的组成因素

资料来源：小阿瑟 A.汤普森，约翰 E.甘布尔，等. 战略管理[M]. 北京：机械工业出版社，2007.

在企业外部环境中对战略制定有重要作用的因素和力量通常在企业的行业与竞争环境中。因此，对外部环境分析的注意力集中在这些因素上。

（1）思考企业所处的行业与竞争环境。

战略性思考企业所处的行业与竞争环境需要分析以下问题：

① 行业的战略经济形态特征如何？

② 各行业成员所面临的竞争力量的类型是什么，每种力量有多强？

③ 行业中什么力量导致变化，以及这些变化将会对竞争强度和行业利润产生什么影响？

④ 行业竞争对手占据什么样的市场位置——谁占据优势地位，谁处于劣势？

⑤ 竞争对手下一步可能采取怎样的战略行动？

⑥ 未来竞争成功的关键因素是什么？

⑦ 行业的状况是否给企业提供了有足够吸引力的利润前景？

（2）识别战略上的相关行业形态。

分析企业所处的行业与竞争环境，应从纵览行业主导性的经济形态入手，分析这些经济形态与战略相关问题。这些问题包括市场规模与增长、在行业生命周期中的位置、竞争对手的数量、购买者的需求与条件、生产能力、技术更新速度、纵向（垂直）一体化、产品创新、产品差异化程度、竞争范围、规模经济、经验和学习曲线效应等。

（3）分析竞争力的特征与强度。

美国哈佛大学著名战略学家、研究企业竞争战略理论的专家迈克尔·波特教授，为企业分析行业竞争局面提供了一条清晰的思路。按照波特教授的观点，一个行业中的竞争，远不只限于在原有竞争对手之间进行，而是存在着五种基本的竞争力量，即新加入者的威胁、现有企业的竞争、替代品的威胁、供应商的讨价还价能力和买方的讨价还价能力，这五种竞争力量之间相互影响，相互制约，形成了行业中的竞争结构，如图 4-6 所示。通过行业竞争结构的分析，可以了解本企业在行业中所处的竞争地位、所具有的竞争优劣势等，以便企业制定出战胜各种竞争力量的基本对策。

这五种基本竞争力量的状况及其综合强度，决定了行业的竞争激强度，从而决定着行业中最终的获利潜力。在竞争激烈的行业中，不会有一家企业能获得惊人的收益。随着行业中竞争的不断加剧，投资收益率会下降，直至趋于最低的收益率水平。若投资收益率长期处于较低水平，投资者将会把资本抽出并投入到其他行业，直至现有企业停止经营。反之，在竞争相对缓和的行业中，各企业普遍可以获得较高的收益，这会刺激资本流入该行业，行业内现有企业也会增加投资。所以，行业竞争力量的综合强度也决定着资本的流向。

运用五力模型来确定一个行业中竞争状况如何，其方法就是经过三个阶段或步骤来建立竞争图。第一步是辨别与五种力量中的每一个都相关的特定竞争力；第二步是评估行业竞争的强度如何（激烈、较强、适中、平常、较弱）；第三步是考虑竞争的总体类型和所有五种力量的合力。

（4）变化的驱动力。

任何行业都要经历起步阶段、快速成长期、早期成型、市场渗透、停滞或者衰落一系列的生命周期，在行业正常的生命周期外还有许多影响行业变化的因素。

行业状况改变是因为有重要的驱动力促使行业参与者改变他们的做法。行业内的驱动力就是那些改变行业与竞争状况的主要潜在因素。一些驱动力是在宏观环境中产生的，一些是在与公司有更密切联系的行业内和竞争环境内产生的。当前这些因素包括新技术的出现、行业全球化的发展、行业长期增长率变化、购买者的人口组成以及利用产品的方法变化、产品革新、科技进步、市场营销革新、主要公司的参与与退出、专业技能的普及与推广、成本与效率的改变、顾客需求个性化的发展、不确定因素与业务风险的减少、政府政策的变化、变化中的社会焦点和态度以及生活方式的变化等，这些因素能导致行业与竞争态势的改变。除了识别这些因素的变化外，还要评估这些变化对行业环境的影响，以搞清楚行业变化的方向与趋势。

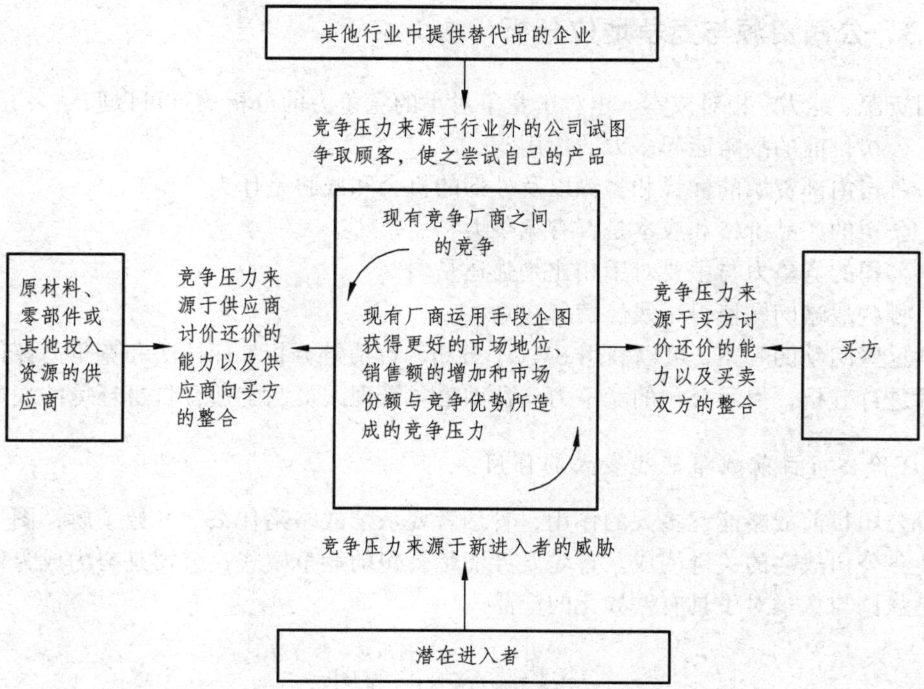

图 4-6　行业竞争力分析的五力模型

资料来源：小阿瑟 A. 汤普森，约翰 E. 甘布尔，等. 战略管理[M]. 北京：机械工业出版社，2007.

（5）判断行业内竞争者的市场地位。

分析竞争者在产品价位、档次、分销渠道、特点、覆盖区域等方面的不同，弄清楚谁是自己真正的竞争对手，谁不是，以便区别对待。

（6）预测竞争对手可能采取的下一步战略行动。

企业只有了解了竞争对手的行动，清楚了他们的优劣势，才能避免进行盲目的竞争。了解竞争对手的战略、最新行动和声明、资源的优劣势、为改善状况所做的努力以及管理人员的思想和领导风格等信息，对预测竞争对手在市场竞争中的下一步战略行动十分有价值。利用充分的信息去预测主要对手的战略方向和可能的行动，有利于企业制定反击策略。在已知对手可能采取的市场策略下采取战略行动，可以抓住来自对手失误或战略缺陷的机会。

（7）辨认未来竞争中关键成功因素。

行业的关键成功要素是指促使行业中的企业在市场竞争中获胜的竞争性因素，如独特的战略要素、产品分销、资源、竞争能力以及市场份额等。识别关键成功要素，清楚了解行业的特点和竞争状况，一直是做出具有说服力的战略分析和战略制定的前提。企业战略制定者对行业前景要有足够深入的预见，进而从所有影响竞争成功的因素中找出最为关键的因素。

（8）识别行业是否提供了有吸引力的机会。

评估行业和竞争环境的最后一步是，根据行业的增长潜力、竞争压力对行业利润的影响、行业未来的不确定性、企业所处的竞争地位、企业利用较弱对手劣势的潜能等因素，判断行业前景能否为企业带来有足够吸引力的盈利前景。如果答案是肯定的，则应制定一个能够在行业中建立稳固竞争地位的战略，扩大销售收入并对额外工具和设备投资。相反，则应放弃进入并应从其他地方寻找机会。

4.1.3 公司资源与竞争地位分析

公司资源、能力、相对成本、相对于竞争对手的竞争力的分析焦点可以归结为五个问题：

（1）公司目前的战略能起多大的作用？

（2）公司内部资源的优势和劣势以及外部的机会和威胁是什么？

（3）公司的产品价格和成本是否有竞争力？

（4）公司的竞争力与主要对手相比是强还是弱？

（5）哪些战略问题值得一线经营者注意？

探索这些问题的答案，可以利用 SWOT 分析、价值链分析、标杆法和竞争力评估这四种分析技术进行分析，揭示公司的竞争力，帮助公司管理人员制定适合自身环境的战略。

1. 评价公司目前战略能起多大的作用

评价公司目前战略能起多大的作用，管理者要从“战略是什么”开始了解，图 4-7 给出了单一业务公司战略的关键构成。首先要弄清楚公司的竞争模式，公司是努力成为低成本领先者还是强调与竞争对手具有差异化的产品。

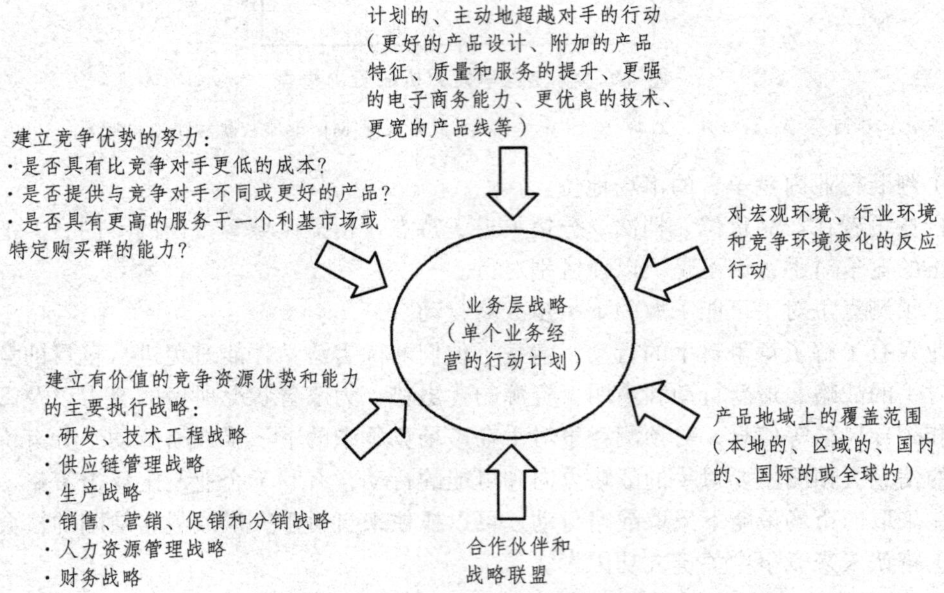

图 4-7 单一业务公司的战略组成部分

资料来源：小阿瑟 A. 汤普森，约翰 E. 甘布尔，等. 战略管理[M]. 北京：机械工业出版社，2007.

对公司战略进行定性描述（即完整性、内部连贯性、合理性和相关性等），以评价公司战略具备的优点，公司战略作用大小最好的证明来自其执行结果。一是公司是否实现了其制定的财务目标和战略目标；二是公司的业绩是否超过行业的平均水平。若公司总是不能实现绩效目标并且行动落后于竞争对手，就表明公司的战略规划制定不合理或战略执行不力，或者两者兼而有之。

公司目前总的运营状况越好，则越不需要对战略进行彻底的改变。公司的财务状况和市场地位越差，则公司目前的战略越加受到怀疑。

2. SWOT 分析

对公司资源的优势（S）和劣势（W）以及外部的机会（O）和威胁（T）进行评估，可以使我们全面了解公司总的发展形势健康与否。准确的 SWOT 分析是精心构思战略的基础，它的目标是充分利用公司的资源来捕捉机会，免于威胁。

（1）鉴别公司资源优势和竞争能力。

优势是指公司擅长的事情或能增强其竞争力的特性，主要表现为以下几种形式。

技巧或重要的专门技能：低成本生产的能力、强大的电子商务技能、工艺技术秘诀、改善生产流程的技巧、无缺陷生产的追踪记录、提供持续优质的客户服务的专门技能、卓越的大规模销售技巧、独特的广告和促销才能。

有价值的实物资产：技术水平先进的工厂和设备、有吸引力的厂房位置、世界范围内的分销机构、有价值的自然资源（如矿产）。

有价值的人力资产：一群经验丰富并有能力的员工、在关键领域有才能的职员和智力资本、长时间建立起来的深入组织内部的集体学习能力、完备的专门管理技术。

有价值的组织资产：完备的质量监控体系、专有技术、核心专利、矿产开采权、有经过高级培训的客户服务骨干人员、相当大规模的现金和有价证券、健康的资产负债表和信用等级。

有价值的无形资产：一个强有力或著名的商标名称、作为技术领导者的声誉、强烈的顾客忠诚度和商誉。

竞争性能力：产品创新能力、短时间内把新产品推向市场的能力、强大的经销商网络、供应链管理能力、对市场条件的变化和出现的机会做出迅速反应能力、支撑企业通过互联网从事商业活动的技术水平的系统。

将公司置于有利的市场地位的特性：比竞争对手相对更低的总成本、领先的市场份额、优质的产品、比竞争对手更宽的产品线、宽广的市场覆盖率、著名的商标名称、卓越的电子商务能力、优质的客户服务。

有价值的竞争联盟和合作经营：与供应商之间富有成效的伙伴关系能降低成本或提高产品质量与运营能力，联盟或加入合作经营使公司有机会得到有价值的技术、提高竞争力或进入地域市场。

综合来看，公司的优势决定了能够参与竞争的所有具有竞争价值的资源，公司的资源优势决定了竞争资产。公司资源优势和竞争能力的品质，以及调动它们已获得竞争优势的能力，决定了公司在市场领域的表现。

竞争力是指一个组织擅长的事情。它代表着学习的积聚，对内部活动精通程度的积累。核心竞争力是比一般竞争能力更有价值的资源优势，因为所精通活动在公司战略中居于核心地位以及其能够使公司在市场上获得成功。独特竞争力是公司相比其竞争对手做得更好的具有竞争价值的活动。独特竞争力代表了具有竞争性的资源优势。公司可能在某项竞争的重要活动上做得很好，公司可以称之为核心竞争力；但是公司做得最好的内部活动不一定转变为独特竞争力，除非公司在做这件内部活动时能够享受到竞争优势。

简单地列出公司的资源优势和竞争能力，并不能很好地断定公司的每项优势或整体优势在市场中的效果。公司优势资源能否转化为竞争力，可以通过四项标准来确定：资源优势是否难以模仿、资源优势是否持久、资源优势是否真正具有竞争优越性、资源优势是否能被竞争对手其他的资源优势和竞争能力超越。

当公司拥有适当的并且充足的资源参与竞争，特别是这些资源具有优势和能力并有潜力成为竞争优势的时候，公司就更有把握赢得市场。

（2）鉴别公司的资源劣势和竞争负债。

公司资源缺陷或竞争劣势是指公司缺乏的实物或（与竞争对手相比）运作较差的活动使其处于不利的市场地位和环境。公司劣势涉及以下三个方面：① 低等的或不成熟的技术、专业技能或在商业领域不具有重要竞争性的智力资本；② 缺乏具有重要竞争性的实物资产、组织资产或无形资产；③ 在关键领域缺乏竞争能力或竞争能力低下。内部劣势可以说是公司弥补资源不足和克服竞争负债方面的欠缺。几乎所有公司都会面临这样或那样的竞争负债。公司的资源劣势是否会给公司带来竞争负债，依赖于其在市场中对此的重视程度以及其是否善于利用资源优势来弥补资源劣势。

（3）鉴别公司的市场机会。

公司主要的外部环境决定公司机会的多少，其中有些机会可能有惊人的吸引力（绝对要抓住的机会），有些则可能勉强能够引起兴趣（因为其增长和利润潜力值得怀疑）；有些机会适合自己把握，有些则不合适自己把握（因为公司没有与之匹配的优势和能力）。能带给公司潜在市场机会的因素涉及以下几个方面：从竞争对手手中夺得市场份额的机会、因购买者对该行业产品需求的急速上升而快速成长的能力、服务于额外的顾客群体或市场空隙、向新的市场地域或细分产品扩张、扩充公司产品线以满足更宽范围的消费者需求、利用现有的科学技术和技能进入新的产品线或新的业务领域、在线销售、前向或后向一体化、开拓国外市场、兼并拥有先进技术的竞争对手、加入战略联盟或合作经营以扩大市场范围或提升竞争能力、有机会利用新出现的技术等。

公司管理层必须密切关注行业动态并谨慎调整公司资源，同时将其置于能满足富有吸引力的增长机会的位置。对公司意义最重大的机会是那些能很好地与公司的资源和能力相匹配的机会，是那些能给公司带来增长和利润的机会，是那些最能发挥潜在的竞争优势的机会。

（4）鉴别公司的外部威胁。

公司外部环境的某些因素会给公司的利润率和竞争状况带来威胁。威胁可能来自更廉价或更先进技术的出现、竞争对手引入新产品或改进产品、外国低成本竞争者进入公司最重要的市场、新管制给公司带来的麻烦比竞争对手更大、利息率提高带来的打击、被敌意接管的可能、不利的人口变化、不利的汇率变化、公司机构所在的国家发生政局动荡等种种情况。外部威胁可能仅仅使公司处于逆境，也可能使公司的前景黯淡无光。战略决策者的工作就是识别影响公司未来的各种威胁，并估计什么样的战略行动能够抵消或降低它们的影响。

（5）SWOT 分析的步骤。

简单地列出公司的优势、劣势、机会和威胁是远远不够的，SWOT 分析的目标是对公司环境所做的总结和根据四项列表对公司战略改进所做的建议。SWOT 分析最重要的两步是依靠公司整体环境的列表对外部和内部环境分析做出总结，并根据这些总结使公司的资源优势和市场机会能够在公司战略中得到更好的匹配，改进影响重大的劣势，回避或者抵抗重要的外部威胁。

SWOT 分析的最后一步就是将这些对公司环境的诊断转化为增强公司战略与业务前景的行动。图 4-8 给出了 SWOT 分析的步骤。

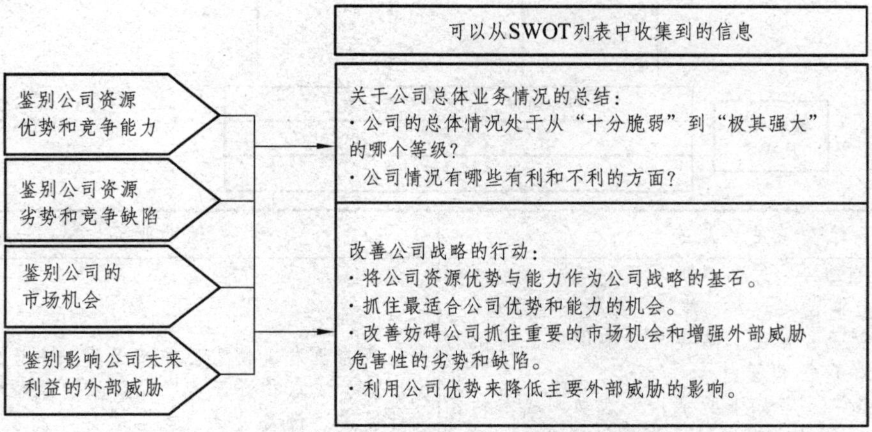

图 4-8　SWOT 分析的三个步骤：鉴别、总结和行动

资料来源：小阿瑟 A. 汤普森，约翰 E. 甘布尔，等. 战略管理[M]. 北京：机械工业出版社，2007.

3．分析公司的价格和成本是否具有竞争力

评价公司业务地位的一个最有效的方法就是看它的价格和成本相比竞争对手是否具有竞争力。价格—成本对比对制造业来说是至关重要的，各厂商提供给顾客的价值是一样的，价格竞争是典型的市场法则，低成本公司往往具有优势。即使是在那些产品具有差异性和竞争围绕价值进行的行业，相互竞争的公司也必须控制成本，并弄清楚它们所需要增加的成本和要求的溢价能否为顾客创造更多的价值。只要企业能够在产品和服务方面形成足够的差异化，那么保持一定的差异成本就是合理的，如果成本超出竞争对手很多，高成本公司的市场地位就越脆弱。

通过价值链分析和标杆法分析，可以了解公司的价格与成本是否具有竞争力。

（1）价值链分析。

每个公司的业务都由一系列活动组成，它们是设计、生产、销售、配送、产品支持服务等。公司价值链是由一系列在公司内部进行的价值创造业务组成的。如图 4-9 所示，它包括两大类业务：主要业务，指为顾客创造价值过程中最主要的活动；必需的辅助业务，指为支持和促进主要业务进行的活动。价值链包含边际利润，是因为内部价值创造活动成本的增值按惯例来说是顾客所付价格（或者说是成本）的一部分。公司最主要的目标就是为顾客创造价值并传递价值，顾客提供的成本增值为公司产生了客观的利润。

将公司运作分解为主要业务和辅助业务揭示了公司成本结构的主要元素，价值链中的每项业务都增加了成本并将资产联系在一起；将公司成本与资产分摊给价值链中的每项业务提供了成本估计与资本需求量。业务之间往往相互联系，进行一项业务的方式能够影响到另一项业务的成本。

公司价值链中所有活动的成本联系起来就构成了公司的内部成本结构，更进一步，每项业务成本对公司总成本相比竞争对手来说是否带来有利的贡献。价值链分析和标杆分析的任务就是得出数据来比较公司与竞争对手的业务成本，并找出哪些内部业务是成本优势或成本劣势的源头。公司相对成本地位是公司从事业务时内部活动总成本与竞争对手的内部活动总成本相比较的产物。

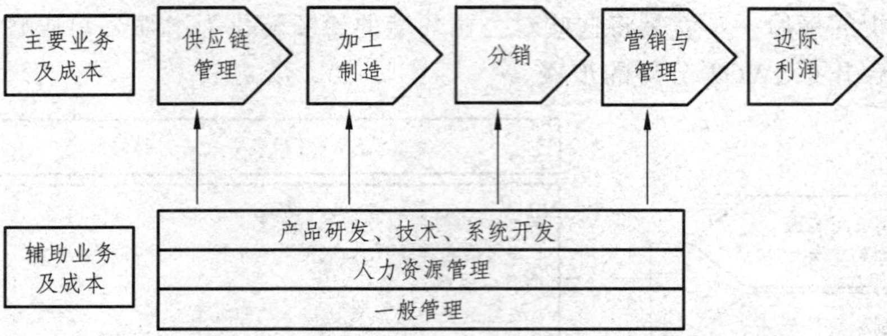

主要业务	辅助业务
• 供应链管理——与如下所示相关活动、成本和资产：从供应商购买燃料、能源、原材料、零部件、半成品和消耗品；接受、储存与分配供应商提供的物资；检查和存货管理。 • 加工制造——与如下所示相关活动、成本和资产：将供应商提供的物资转换为最终产品（生产、组装、包装、设备操作、质量保证、环境保护）。 • 分销——与如下所示相关活动、成本和资产：将最终产品发送给顾客（产成品的仓储、筛选、包装、运输、送货车的调度、建立与维护经销和分销网络）。 • 营销与销售——与如下所示相关活动、成本和资产：销售队伍的业绩、广告与促销、市场研究与计划、对经销商/分销商的支持。 • 服务——与如下所示相关活动、成本和资产：给顾客提供帮助（比如安装、备用零部件和运送、维护与修理）、技术支持、解答顾客咨询和处理顾客抱怨。	• 产品研发、技术、系统开发——与如下所示相关活动、成本和资产：产品研发、流程开发、流程设计促进、设备设计、电脑软件开发、通信系统、电脑辅助设计与制造、数据库能力、电脑支持系统的开发。 • 人力资源管理——与如下所示相关活动、成本和资产：招聘、雇佣、培训、发展、所有职员的报酬、劳工关系活动、以知识为基础的技术与核心竞争力的开发。 • 一般管理——与如下所示相关活动、成本和资产：一般管理、会计和财务、法律和法律服务、安全保障、管理信息系统、形成战略联盟与战略伙伴关系以及其他“间接”功能。

图 4-9　基本价值链

资料来源：小阿瑟 A. 汤普森，约翰 E. 甘布尔，等. 战略管理[M]. 北京：机械工业出版社，2007.

（2）标杆法分析。

用标杆法比较公司与竞争对手的活动成本，为公司的成本竞争力提供了有力依据。标杆法详细比较不同公司之间从事各种价值链活动——购买原材料、向供应商付款、管理存货、组装产品、将新产品投入市场、执行质量控制职能、满足客户订货并装运、培训员工、工资管理以及设备维护，然后对这些活动的成本进行跨公司的比较。标杆法的目标是发现从事某项活动的最好办法，学习其他公司在这些活动上是如何真正获得更低成本和更好结果的。只要发现公司从事某项活动的成本或者效果不如其他公司（竞争对手和非竞争对手），那么就立即采取行动来增强公司的竞争力。公司应该更好地从事价值链活动，将公司精通的价值链活动转化为竞争优势，这也是公司建立竞争优势的途径之一。

4. 评估公司的竞争优势

公司需要全面评估公司的整体竞争优势。首先，在决定市场成功的每项关键因素上，公司与竞争对手的相对情况如何？其次，综合考虑各种因素，公司与主要竞争对手相比存在着净竞争优势还是净竞争劣势？

评估竞争优势，第一步是列出行业关键成功因素，并且尽可能多地列出衡量优势和劣势的指标；第二步是将公司和竞争对手按每种因素进行打分，虽然信息不充分并且打分可能带来错误时，对公司的竞争对手做强、弱或相当的比较可能会更合适，但打分的方法仍然是最好用的；第三步是将每家公司所有因素的得分进行汇总，得到每家公司竞争优势的评估值；第四步是利用这些评估值进行总结，得到这些公司竞争优势和劣势的大小与程度，尤其注意这些优势和劣势的范围。

根据竞争优势评价指标的重要性进行加权评估得出的结果更具参考意义。加权竞争优势分析比非加权竞争优势分析更准确，因为非加权竞争优势分析有一个不足，即假设所有的竞争优势指标都是一样重要的。

5. 识别值得管理层关注的战略问题

最后和最重要的分析步骤就是识别公司管理层应该关注的战略问题，管理层为了使公司在未来几年里能取得财务成功和竞争上的成功，真正需要重点关注并且坚决执行的应该是公司战略中的重大问题。这一步包括对行业分析和竞争分析进行总结，并对公司自己的竞争能力进行评估。这一步的任务是对公司将面对何种战略和竞争挑战有清晰的认识，包括公司有何种竞争劣势需要弥补，提高公司市场竞争地位所面临的障碍是什么，哪些具有战略意义的问题应该引起公司管理层的注意。

如果公司的战略处于正确的道路上，并且与公司的总体情况十分匹配，公司管理层没有必要考虑如何改变目前的战略。如果公司面临的问题十分严重，并且表明了目前的战略并不适合于未来的发展，则必须制定一个更好的战略并列入管理层的行动议程。

想一想

在沙盘模拟环境中，制定企业发展战略，需要考虑哪些因素？

4.2 战略制定

任务描述

了解战略制定的内容和方法， 熟悉战略制定的策略和方法。

4.2.1 制定战略以发挥与建立竞争优势

无论做出怎样的最终选择，制定的战略必须能够适应行业环境、竞争环境以及公司内部资源，因为公司内部资源与竞争环境相匹配是选择战略的基础或者依据。一家公司在制定整个战略的过程中，首先面临的选择是即将描述的五种基本竞争战略；其次面临的各种选择是能够应用于基本竞争战略的不同战略手段；最后面临的决策是在公司经营中的各种职能（研发、生产、销售和营销、财务等）的战略选择。这里，还要强调选择战略的时机的重要性——什么时候作为先行者、什么时候作为快速跟进者或者推迟行动者更能获得优势。

图 4-10 给出了公司在制定战略时的选择和通常选择的程序。

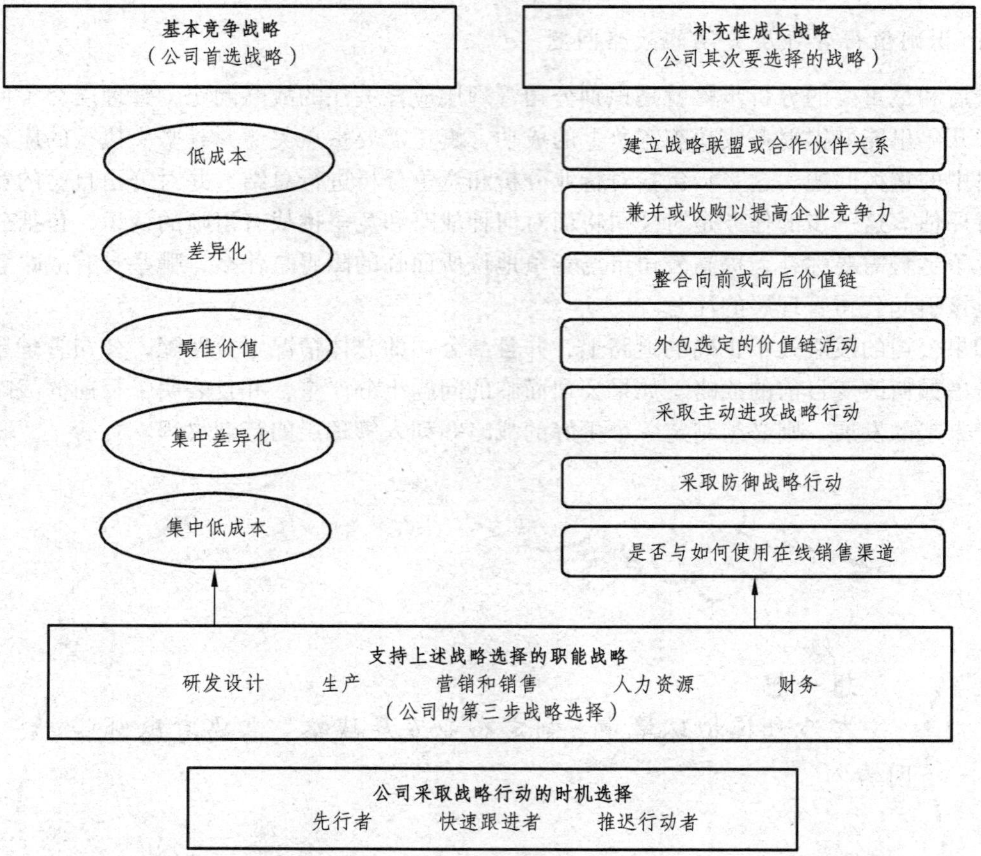

图 4-10 竞争战略的各种选择

资料来源：小阿瑟 A. 汤普森，约翰 E. 甘布尔，等. 战略管理[M]. 北京：机械工业出版社，2007.

1. 五种基本竞争战略

公司的竞争战略决定了其竞争行动是否成功，包括满足顾客的行动、对竞争者进攻和防御行动、对某一时刻市场环境变化的反应、对提高市场地位的主动行动等。竞争战略就是比竞争对手更有效地满足顾客的需求。市场上的成功几乎都是寻求和保护可持续竞争优势的结果。如果公司比竞争对手更能吸引顾客应对竞争压力，就说明它具有竞争优势。获取竞争优势的途径很多，但都包含了给予顾客所追求的最佳价值——物美价廉的商品。

五种完全不同的竞争战略方式是：

（1）低成本战略。通过全面低成本提供产品和服务来吸引大范围的顾客。

（2）差异化战略。采用与竞争对手不同的产品和服务来吸引大范围的顾客。

（3）最佳价值战略。以比竞争对手低的价格提供更优质的产品来给予顾客更多的价值，其目标是以最低的成本提供与竞争对手产品相似的产品。

（4）基于低成本的集中（或利基市场）战略。关注一个小的细分市场，以更低的价格给这部分购买者提供产品来战胜竞争对手。

（5）基于差异化的集中（或利基市场）战略。关注一个小的细分市场，以更适合这部分购买者的偏好和需求的产品来战胜竞争对手。

五种基本竞争战略代表了不同的市场定位，每一种方式包含了完全不同的商业竞争和竞争方式，见图 4-11。表 4-1 详细说明了这五种竞争战略的特点。

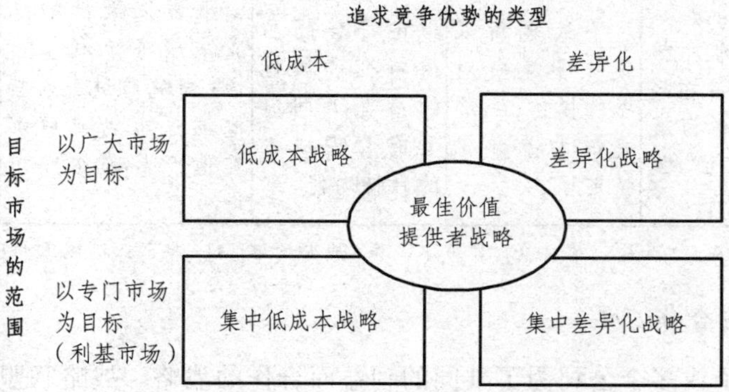

图 4-11　五种基本竞争战略的市场定位

资料来源：小阿瑟 A. 汤普森，约翰 E. 甘布尔，等. 战略管理[M]. 北京：机械工业出版社，2007.

表 4-1　区别五种基本竞争战略的特征

类别	低成本战略	差异化战略	最佳价值战略	集中低成本战略	集中差异化战略
战略目标	广大市场	广大市场	具有价值意识的购买者	细分或利基市场（购买者的需求和偏好完全不同）	细分或利基市场（购买者的需求和偏好完全不同）
竞争优势的基础	总成本比竞争对手低	提供区别于竞争对手的具有吸引力的产品特色	在相同价格下有能力给予顾客更多价值	在服务于利基市场时总成本比竞争对手更低	具有吸引利基市场顾客的产品特色
产品线	好的基础产品加上一些装饰（可接受的质量和有限的选择）	许多产品变化：很多选择；强调差异化的特征	具有良好属性的产品；具有质优价高的特征	属性与特征适合于利基市场的需求和偏好	属性与特征适合于利基市场的需求和偏好

续表

	低成本战略	差异化战略	最佳价值战略	集中低成本战略	集中差异化战略
产品重点	在不牺牲质量性与基本特征前提下降低成本	顾客愿意为之付款的差异特征；产品特征差异化优先	以比竞争对手低的价格提供高品质和具有吸引力的产品	在产品特征和属性与利基市场的顾客偏好相一致的情况下降低成本	与利基市场顾客的偏好和需求一致的定制产品
市场重点	努力使低成本成为产品优势	推销差异特征；索取额外价格来弥补差异特征带来的额外成本	推销最佳价值；以低价格提供对等的特征或相同价格下提供更多特征	提供符合利基市场购买者所期望的预算价格内具有吸引力的产品	提供能够更好地符合利基市场购买者期望的产品
保持战略的关键	经济的价格或值得买；在经营的所有领域持续降低成本	不断革新以领先于竞争对手的模仿；一些关键的差异化特征	在符合高品质特征和属性的情况下同时具有管理成本的独特功能	承诺以最低的总成本服务于利基市场；避免通过进入其他细分市场或增加其他产品来拓宽市场	承诺比竞争对手更好地服务于利基市场；避免通过进入其他细分市场或增加其他产品来拓宽市场

资料来源：小阿瑟 A. 汤普森，约翰 E. 甘布尔，等. 战略管理[M]. 北京：机械工业出版社，2007.

2．战略联盟与合作

战略联盟是两个或多个公司为了共同的利益而合作的战略。战略联盟是超过正式公司之间的交易，但是低于拥有正式所有权或兼并的合资企业的合作协议。战略联盟的价值不在于其协议或交易本身，而在于合作伙伴平息组织摩擦、长期高效的合作以及应对面临变化（技术的和竞争的突袭、新市场开发与它们自身的领先地位和竞争环境的变化）的能力。合作联盟有一个演进过程，它们的利益和竞争价值根本上取决于互相学习、合作和对行业环境的变化的适应。如果一个公司及其合作者的资源和能力优于竞争对手，竞争优势就形成了。

公司加入战略联盟最常见的原因就是通过技术合作或者合作开发新产品来弥补其技术或制造不足从而获得新的竞争优势、改善供应链效率、获得市场或产品的规模经济，通过联合市场协议来获得或畅通渠道。

战略联盟的优势是让合作双方共享其竞争力和资源，这样合作就创造了比单独经营更大的价值。

3．兼并与收购战略

所有权的联系远比合作联系更稳固，使得参与并购者的运营能够更好地结合，提供更多的内部控制和自主权。兼并通常发生在实力相当的公司之间，兼并后的组织往往采用一个新的名称。收购则是购买另一个公司的整套操作流程。

兼并或收购的战略动机主要有以下五种：

（1）使并购后的公司获得更大的市场份额，进一步通过关闭成本高的工厂，消除过剩能力的部门，来形成更高效率运转的公司。

（2）扩大公司的地理覆盖区域。

（3）扩展公司业务，推出新产品或扩展国际市场。

（4）快速获得新技术并且避免耗时的研发。

（5）试图开创一个新的行业，并且集中于一些行业界限模糊的行业。在一个新的或者界限比较模糊的行业即将诞生的时候，公司通过兼并或收购实现对几个行业的公司资源的整合，从而尽快在这个行业树立自己的地位。

4. 垂直一体化战略：跨越行业价值链上多个环节

垂直一体化包括向供应商的后向一体化以及向终端消费者的前向一体化。它可以扩展一个公司的竞争力以及在同一行业中的经营范围。垂直一体化战略可以是全部一体化（参与价值链的所有过程）或者部分一体化（在行业的所有价值链上选择性地开拓）。一个公司可以在行业价值链上的其他环节来整合，或者收购已经从事它想进入的环节的公司。

只有在可以明显地增强公司竞争力的时候，实现垂直一体化战略才是合适的。

5. 外包战略：缩小公司的业务范围

外包是指企业委托外包的专业公司来为其完成价值链上的某些活动，而不是公司自己完成。外包包括从价值链上的某些活动退出而从外部购买所需的产品和服务。

通常自己不承担价值链上所有活动的公司可以通过外部的商业伙伴来获得更好的效率和效益，但战略关键性活动和必须内部控制的活动则应该由自己来完成。

6. 攻击和防御战略

成功地实施进攻战略可以获得竞争优势，而防御战略可以保持竞争优势，但很少能够产生竞争优势。

（1）基本的进攻战略。

① 针对竞争对手的优势发动进攻。

② 针对竞争对手的劣势发动进攻。

③ 在许多方面同时先发制人的进攻。

④ 侧翼进攻。

围绕竞争对手开展谋略，占领那些未被占领或竞争程度低的市场领域，建立有利于进攻者的游戏规则。

⑤ 游击式进攻。

在竞争中处于整体劣势地位的企业，可以通过随时发现竞争对手的疏忽或识别空白市场来争取顾客，从而获得销售量和一定的市场份额。

⑥ 先发制人的战略。

先发制人的战略是指通过快速和优先行动来获取领先优势，而这种优势不易被竞争对手复制。

⑦ 选择进攻对象。

拥有进攻想法的公司必须认真分析竞争对手，选择竞争对手以及决定如何战胜它们。一般选择容易受到攻击的市场领导者、缺点明显的行业老二、处于破产边缘的企业和能力有限的区域性小公司等竞争对手作为进攻对象。

（2）防御战略选择。

防御战略的目的是降低被攻击时的风险，削弱攻击所带来的冲击，令挑战者们将目光转向其他对手。一般情况下防御战略并不能增强企业的竞争优势，但有助于巩固企业的竞争地位，保护企业的大部分有价值的资源和能力不被别人模仿，并保护和支持企业可能拥有的任何竞争优势。选择防御战略有以下两种类型：以实际行动阻挡挑战者；向挑战者发出信号，如果它们敢贸然发动进攻，将遭到报复。

7. 线上渠道战略

将网络作为传播产品信息的一种方式，还是作为主要的分销渠道，或者将网络作为一种二级的或者次要的销售渠道，还是基本的分销渠道，抑或是公司为接近顾客而采用的特殊渠道，取决于管理者们的战略选择。现在极少有企业能离开网络应用而改善企业的价值链活动，几乎所有类型的企业都在积极探求如何将网络作为商业活动和竞争战略的一个重要组成部分，而怎样去做才能做到更好。

8. 选择合适的职能战略

公司制定了整体战略后，对诸如研发、生产、人力资源、销售和财务等职能部门还需要制定相应的职能战略，以支持整体战略的顺利实施。

9. 公司价值观和伦理标准对战略的重要性

公司制定的战略要与公司实际的价值观和伦理标准相一致才能得到很好的执行。

10. 先行者的优势和劣势

当存在先行者优势和劣势时，行动的时间选择尤为重要。

先行者要将公司目标和顾客价值精确地结合在一起，取得规模经济，获得合理的收入，在市场控制权的战役中让竞争对手长时间落后于自己。

先行者优势：① 先采取战略行动有助于建立良好的形象，得到好的声誉；② 采用新的技术，提供新的配件，较早地使产品进入分销渠道，可以比竞争者获得绝对的成本领先优势；③ 第一次光顾的顾客仍然对先行公司有着强烈的忠诚度，认为它们是勇敢的开拓者，愿意多次重复购买它们的产品；④ 先行者可以先发制人，可以为后面紧随的竞争对手制造障碍，让他们的模仿变得不那么轻松。

快速跟随者可以通过复制先行者的技术、知识和行动，在一个较短的时间内赶上或者击败先行者。

先行者劣势（或者跟随者优势）：① 开创往往比模仿要困难，开创性工作比模仿性工作成本高得多；② 创新者的产品简单，达不到购买者期望，购买者无法对创新公司形成足够的忠诚度，这使得精明的跟随者有机可乘；③ 进步非常快，快速跟随者可以跳过先行者的第一代产品，开发更有吸引力、更为完善的第二代和第三代产品。

每一个市场进入机会都伴随着一条市场渗透曲线，曲线上有一个关键性拐点。到达这个拐点的时候，已经存在的一个市场模型会出现变化，市场会重新洗牌，以前确立的优势会丧失。这个拐点在快速上升的曲线上出现得比较早，在缓慢上升的曲线上出现得比较晚。任何想利用先行战略发挥和建立竞争优势的公司都要认真考虑，先行战略是否能给公司带来真实的利益，否则就应该放弃先行战略。

4.2.2 开拓国外市场

在经济全球化背景下，一些企业决定向外扩张国际市场，这可能基于以下原因：① 为了接近新顾客；② 为了获得更低的成本和提高公司的竞争力；③ 为了利用它的核心竞争力；④ 为了在一个更广泛的市场基础上分散经营风险。在国际市场上竞争，有四种战略选择：① 在每个不同国家的市场提供不同的本土化产品以适应当地消费者的口味与偏好，还是在全世界提供相对标准化的产品；② 在所有国家运用本质上相同的基本竞争战略，还是根据不同国家分别对战略加以调整？③ 在哪里安排公司的生产基地、分销中心和顾客服务活动才能实现最大的区位优势？④ 如何有效地将公司资源优势和能力从一个国家转移到另一个国家以努力确保竞争优势。

4.2.3 多元化业务组合战略

从单一行业公司的战略制定上升到多元化经营公司的战略制定，面临的情况更为复杂。单一行业经营的公司，管理者只需评价一个行业的经营环境，解决如何在这个行业中成功经营的问题。在一个多元化经营的公司中，战略制定面临的挑战是要分析多个行业的经营环境，制定出一组战略，每一个战略要适合于多元化经营公司所涉及的各个行业。总公司的高层管理者还需要制定出整体战略（公司层战略），以改进整个公司在所有行业组合中的竞争力和绩效，获得整体大于部分之和的组合效应。

一个能够适合多个行业特点的公司层战略应包含四个方面的内容：

（1）选择是否进入一个新的行业以及决定进入的方式。总公司在多元化发展中，必须决定进入哪些行业，采用自建、收购、合资还是战略联盟等方式中的哪一种。如果采用收购，是收购一个好的公司、一般的公司还是一个有问题的公司，这决定该公司在新行业中的位置。

（2）提高新进入行业的组合效应。总公司可以利用原有行业公司的利润在新进入的行业中建立长期竞争优势，在资金、技能和管理人才方面支持其在新行业中的子公司，提高这些子公司在关键价值创造上的绩效，降低他们的运行成本。总公司可以收购同行业的另外公司，使其与现有的子公司整合成为一个更强的公司，或者收购一个与现有业务存在互补关系的新业务的公司。大多数总公司都会在其主要行业采取快速增长战略，在有潜力的行业实施扭亏为盈的战略，在没有吸引力或者与组合不匹配的行业实施撤退战略。

（3）寻找机会和制定战略去利用行业间的价值链关系，并且将这些关系转变为竞争优势。一个公司可以通过多元化进入具有相同价值创造活动的多个行业，从而获得那些进入价值创造活动完全不相关的公司所不具备的潜在竞争优势。相关多元化公司可以向新行业中的子公司转移技术，与它们分享专业知识，共用设施、设备或者品牌，从而减少这些子公司的成本，强化这些子公司的竞争优势，提高这些子公司的竞争能力。

（4）确立投资重点，使公司的资源向最有吸引力的业务单元集中。在多元化经营的公司中，各个行业的投资收益率是不同的。因此，高层管理者的一个重要任务就是：决定投资重点，使公司资源流向收益潜力大的领域，离开收益小的领域；撤出经营好不善行业或者没有增长潜力的行业，及时将释放出来的资源再投入到主营业务或者支持新的收购活动。

上述四项任务需要耗费公司高层管理者大量的精力和时间，他们往往把经营战略制定和执行过程中的细节问题，下放权责给行业性子公司的管理者。

想一想

模拟企业市场环境分析的主要内容有哪些？找出你所在公司面临的机会和威胁以及公司具有的优势和劣势；分析制定企业战略可以选择的竞争策略、销售渠道，是否开发亚洲和国际市场？要不要实行产品多样化战略？

4.3 战略执行

任务描述

明确团队成员的职责分工，制定团队工作章程，确定团队文化，正确处理团队冲突，建立和谐、包容、共商和分工协作的团队工作氛围。

4.3.1 构建适合的组织

制定战略在很大程度上是一种市场驱动的行为，而执行战略主要是一种经营驱动的行为，包括对人和业务的管理。成功的战略制定取决于业务眼光、行业稳定和竞争分析以及准确的市场定位，而战略执行却依赖于好的团队合作、竞争能力的建立和加强、激励和奖励员工给予战略支持、制定原则使战略顺利实施。执行战略是行动导向的、促进事情发生的任务，它能考验一个管理人员是否具备以下能力：引导组织变化的能力；在业务经营中取得持续发展的能力；创造和培养战略支持文化的能力；不断完成或突破盈利目标的能力。

像制定战略一样，执行战略也是一项全员参与的工作。组织的首席执行官和主要部门的主管对战略执行是否成功负最终责任，但战略的执行过程通常会影响到公司的每个部门，包括从最大的经营单位到最小的一线工作组。高管人员要依赖中层管理人员和基层管理人员的积极支持与合作，将战略变革落实到各个职能部门和事业部，并监督组织的实际日常运作是否与战略相一致。中层管理人员和基层管理人员不仅要在其管辖范围内，负责落实和监督战略的执行过程，还要指导其下属不断提高他们执行战略（关键价值创造活动）的能力，并使其下属的经营目标与组织的业绩目标相一致。

1. 执行战略的框架

在战略执行过程中，需要指出具体的措施（一个成功的战略导向的经营所需要的具体技术、行动和行为），然后付诸行动，并取得好的结果。战略执行的目的是使行动发生，并使行动在既定的轨道上运行。从管理角度看，实施战略变革的第一步就是清楚地传达组织变革的必要性，说服各个层面的组织成员执行战略，从而对实现业绩目标做出承诺。从管理人员角度看，理想的状况是唤起全体成员对战略的热情，从而把战略执行变成一个公司范围内的行动。

不存在能够适合于所有类型的公司、所有类型的战略或所有类型管理人员的战略执行的秘籍。执行战略需要根据具体情况而定，以公司的自身条件和环境、战略执行者的判断能力以及战略执行者有效地运用组织变革技术的能力为基础。

虽然战略的执行过程必须与公司的具体情况相适应，但也存在一些基本的管理原理。公司执行战略有八个基本管理任务：

（1）建立一个拥有成功执行战略所需要的竞争力和资源力量的组织。

（2）为关键战略活动配置足够的资源。

（3）确保政策和程序是促进战略执行而非妨碍战略执行。

（4）制定进行价值链活动的最佳形式，并促进其不断改进。

（5）使用信息系统和执行系统使公司员工能更好地执行战略。

（6）对完成了战略目标和财务目标的行为给予奖励。

（7）塑造适合战略执行的工作环境和公司文化。

（8）发挥内部领导职能以推动战略的顺利执行。

这八项基本管理任务决定战略执行的程序：应该做什么？怎么做？战略执行中，首要的任务是做正确的事，其次才是正确地做事。

2. 构建一个适合的组织

战略执行的好坏在很大程度上取决于员工的能力、竞争力的强弱和组织的有效性。在战略执行中，构建一个适合的组织是首要考虑的问题。图 4-12 显示了组织建设的三个方面。

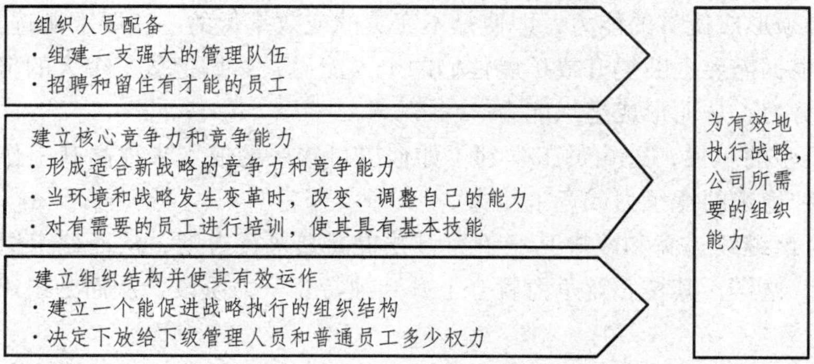

图 4-12　构建一个适合的组织的三个方面

资料来源：小阿瑟 A. 汤普森，约翰 E. 甘布尔，等. 战略管理[M]. 北京：机械工业出版社，2007.

（1）组织人员配备。组建一支强大的管理团队，招聘和留住有经验、技术和智力资本的员工。

（2）建立核心竞争力和竞争能力。这有助于更好地执行战略，并在战略和外部环境发生变化时及时做出相应改变。

（3）建立组织结构并使其有效运作。设计价值链活动和业务流程，并决定下放给下级管理人员和普通员工多少权力。

3. 组织人员配备

（1）构建一支强大的管理团队。

战略执行的第一步就是组建一支具有合适的技术和经验结构的、能干的管理团队。不同的战略和公司环境通常要求有不同的人员结构，这些人应有不同的背景、经验、知识、价值观、信念、管理风格和个性。管理团队中成员的个人特点应符合组织要求，团队的智力结构应与选定的战略相匹配。最重要的一步是给关键管理职位配备能引导员工做事的管理人员，可以通过内部选拔，也可以通过外部引进。

（2）招聘和留住有才能的员工。

在许多行业，为了更好地执行战略，优化公司的人才结构和增加智力资本比增加资产投资更重要。具体措施有：选用那些具有技术、精力、主动性、判断力、学习能力及适应公司环境和文化能力的人员；对他们进行不断培训；提供具有挑战性的、有趣的和能提高技术的工作；推动员工间的职务轮换；激励员工创造和创新；提供高薪酬待遇；辞退无能和懒惰的员工等。

4. 构建核心竞争力和竞争能力

在战略执行的过程中，组织设计最首要的问题是构建具有竞争价值的核心竞争力和竞争能力。一旦管理人员明确了他们想要的竞争力和竞争能力，就要把这些竞争力和竞争能力放在正确的位置上，并在需要的时候提高它们，随着环境的改变而改变它们，这是战略得以执行的需要。最常见的是，公司管理人员需要增加新的竞争力和竞争能力来主动实施战略，并提高其战略执行能力。

（1）构建与提升核心竞争力和竞争能力的三个阶段。

① 公司必须形成做事的能力，即使是不完美的或效率低的。这要求挑选具有一定技能、经验的员工，根据需要不断提升或扩展他们的个人能力，然后把员工个人的努力和工作成果塑造成集体的努力，从而形成组织能力。

② 随着经验的积累，公司员工学到了如何以可接受的成本来提高其工作能力，这种能力发展成为一种稳定的竞争力或竞争能力。

③ 组织应该继续提高和改进其竞争力，并提高其执行力度，从而使组织在竞争行动中强于竞争对手。这样，其核心竞争力就会上升到独特竞争力阶段，从而为组织获得竞争优势提供一个途径。

在成功的组织设计管理过程中，识别核心竞争力的四个特征至关重要：① 核心竞争力和竞争能力是一系列技能和方法。这些技能和方法是通过具有交叉职能的工作团队和在公司价值链中处于不同位置、执行辅助性活动的各部门共同努力而获得的。② 一般情况下，核心竞争力或竞争能力是通过组织自身的努力获得的，以加强其早期获得成功的能力，或者对顾客需求、新技术、市场机会、竞争对手的竞争性策略做出及时的反应。③ 组织要花比竞争对手更多的时间和精力来挖掘并加强竞争力和竞争能力，以主动获得竞争优势，是使核心竞争力上升到独特竞争力的关键。④ 根据顾客需求和竞争环境的不断变化，组织应该进行相应的组织变革，调整其竞争力和智力资本结构，从而使其处于时代的前沿。

在培育核心竞争力和竞争能力时，通常会采用两种措施：加强技能、知识才能等方面的基础；协调网络化工作团队和部门之间的合作。第一种措施是所有管理层都可以采用的，第二种是由高管人员执行的，这主要是因为他们不仅理解竞争力和竞争能力的意义，而且具有加强网络化工作团队和个体、群体、部门以及外部合作者之间的协同合作所需要的权力。

公司管理人员还要对公司过时的竞争力和竞争能力进行不断提升、改进，甚至在持续不断的市场变化及公司战略改变中将其淘汰或更换，否则会削弱组织的竞争能力，组织看起来更应该是一个包含不断演变的竞争力和竞争能力的组合体。一方面，它应该包含着随着时间的推移而积累起来的知识和经验；另一方面，它面临着促进市场、战略和竞争力变化的各种外部因素。决定何时、如何使现有的竞争力和竞争能力更加标准化，以及何时、如何发展新的竞争力和竞争能力，是对组织建设管理的巨大挑战。在此过程中，可以促进在组织内部形成一种生机和活力，甚至独特竞争力。

（2）从竞争力和竞争能力到竞争优势。

当公司成功的战略容易被竞争对手模仿时，利用自身的核心竞争力和竞争能力打击对手，就成为公司获得持久竞争优势的主要途径（以高级方式、利用特定的价值链活动来打击竞争者）。建立竞争对手无法形成的核心竞争力、资源优势和竞争能力是打击竞争对手的最好和最可靠的方法之一。此外，尖端的核心竞争力和竞争能力是不容易被竞争对手模仿的。

（3）员工培训的意义。

当公司转向一个新战略，而该战略对技术、竞争能力、管理方式和操作方法相较于原先的战略具有不同要求的时候，培训和再培训显得特别重要；当组织努力构建基于技术的竞争力的时候，培训同样具有战略意义；当公司所从事业务的技术更新太快，除非公司的技术人员拥有尖端知识和专业能力，否则公司就有丧失竞争力的时候，培训就成为关键活动。成功的战略执行者必须保证培训职能得到充分的重视和发挥。如果所选择的战略需要更高的技能，或形成和利用新的能力，培训就应该被安排在战略执行方案的首要位置。

5. 使组织结构与战略相适应

每个公司的组织结构都是其自身特殊条件的产物，它反映了先前的组织模式、内部环境的变化、经理人员对报告关系的判断、对人员和任务的安排方式。此外，每一个战略所依靠的关键成功因素和价值链活动又是不同的。但是，对所有公司而言，还是存在一些需要共同思考的问题，比如组织结构怎样构建才能更好地适应战略。下面列出与战略的成功执行要求相匹配的组织结构的建设内容：

（1）决定哪些价值活动应该在组织内部进行，哪些应该外包出去。

（2）使关键战略活动成为组织结构建设的基本组成部分。

（3）决定授予每个部门和员工的权力大小和分权程度。

（4）跨事业部合作。

（5）与外部供应商及战略联盟伙伴之间进行合作。

所有的组织设计都有其战略优势和劣势。为了使组织结构和战略相匹配，战略的实施者必须选择一个基本组织结构，然后对它进行必要的调整，从而使它与公司的特定业务组合相匹配。这个选出的组织结构能够做到：提供适合的合作机制（跨职能部门、特殊项目小组、独立工作小组等）；建立有效支持公司战略的沟通网络体系。

发展核心竞争力和组织能力的方式方法必须与组织的环境相适应。这要求不同的公司和主管要以不同的方式来克服组织能力构建中遇到的困难，而且不同组织能力构建也需要不同的组织技能。因此，关于如何构建组织能力必须谨慎对待。构建有能力的组织是有意识地将个人和团队的努力联系起来的过程。竞争力和组织能力是在建立和培养员工及团队的合作关系，从而以一种令顾客更加满意的方式完成某项活动的过程中产生的，而不是调整组织结构图中产生的。实际上，对内部组织流程和外部合作进行有效管理，从而创建和发展有竞争价值的竞争力和组织能力，是当今公司高管人员所面临的最大挑战。

4.3.2 管理内部流程：有利于战略执行的活动

1. 整合资源以支持战略执行

在战略执行的早期阶段，经理在实施新战略或与以往不同的战略时需要确定新的战略执行所需要的资源，然后要考虑各项资源和预算在各个部门的分配是否合理。组织的各个部门必须有效地按照预算来使用所需要的资源来完成战略所赋予的任务。拟订一个战略导向的预算，要求最高管理者确定新战略执行或组织竞争能力提升需要哪些资源，包括人员、设备、设施等。如果内部现金流不足以支持战略计划的实施，就必须通过向投资者发行债券和增发股票等方式来筹集额外资金。

在为新战略实施筹集和分配资源的过程中，公司整合资源的能力具有非常重要的作用。过少使用发行长期债券的方法来收回短期债券（源于有限的金融资源或是不能及时为关键战略组织部门提供足量的预算）减缓了战略执行的进程，也阻止了组织部门为高效地执行其所承担的战略执行环节所做的努力。而过多使用发行长期债券的方法来收回短期债券，则会浪费组织的资源并且降低经济效益。评价这两种可能结果对实施新战略的利弊，要求经理能够深入地研究各种预算提议，并在各个关键部门之间合理分配资源。

战略的调整总会要求预算的调整。实施一个新的战略通常需要把资源从一个部门转移到另一个部门，精减人员过剩和资源浪费的部门，加大对战略成败起关键作用的部门的投资，消减不再恰当的项目和活动。

2. 制定政策和程序以推动战略执行

当企业转变其战略的时候，管理者应该回顾现有的政策和运作程序，主动地修改和消除那些不适合的政策和程序，阐明新的政策和程序有利于新战略的执行。以下新的或调整过的政策和程序有助于企业执行战略：

（1）规定了内容明确的行动指南，指出哪些事情是必须做的。

（2）使地理上分散的各个组织单元在执行关键性的战略活动时保持一致。

（3）促进富有创造性的工作习惯的形成以利于战略的充分执行。因为从消除旧的政策和程序到建立新的政策和程序会改变组织内部的工作思维习惯，所以战略实施者可以利用这个强有力的杠杆来改变组织的文化以更好地适应新的战略。

厚重的政策手册通常是不必要的。事实上，当员工的创造性和积极性相比标准化和一致性对战略的执行更加重要时，应给予员工自由，让他们做认为正确的事，并让他们对结果负责，而不是通过各种政策和方针来控制他们的行为。

3. 采取最优策略，努力获得持续改进

识别和采取最优策略的管理能力是追求卓越运作和更好的战略执行的强有力工具。在评估公司实施各项战略的效果时，应用最广泛且最有效的一种方法是，以行业中和世界上最好的企业为标准来评价它的一些特定活动的执行效果。如果处于公司内部不同位置的不同组织单元执行着同样的功能，向这些内部最好的单元看齐也是很有用的。识别、分析和理解优秀的公司或个人是如何执行其特定的价值链活动和业务流程的，能为我们树立一个有用的标杆，帮助判断内部运作效果和效率，制定组织单位需要达到或突破的绩效目标。

4. 建立信息化操作系统

在公司经营运作中建立先进的信息系统，有利于战略的充分执行，能加强组织的能力或者提供竞争优势。在当今的网络时代，随着实时信息和控制系统的运用、电子商务技术的产生和应用以及企业网络和无线通信技术的发展，如果企业没有有效的信息系统和使企业的行动变得快速、有效的先进运营能力，将很难超越竞争对手。

掌握日常经营的精确、及时的信息，能够帮助经理们测量和评价战略执行过程的有效性和效率。实时信息系统允许公司经理拥有战略实施主动性和全面了解经营运作情况，并在事情逐渐偏离目标时进行干预。跟踪关键的绩效指标、从操作人员那里收集信息、迅速识别和诊断问题、采取正确的措施是管理战略执行、实施过程控制以及执行组织控制的重要组成部分。

大量的统计信息可以让经理了解最新的进展和出现的新问题，方便的个人联系增加了经理的工作范围，这些都提高了经理的管理效率。在经理们采取行动之前，他们通过良好的信息系统识别问题的发生区域和问题的性质，这有助于采取正确的行动。

5. 建立与绩效挂钩的激励机制

辅助战略的激励和报酬系统是使员工承担义务的有效管理工具。建立一个有利于促进战略有效执行的报酬系统，其关键在于把与战略相关的绩效度量作为设计激励措施、评估个人或团队努力和给予回报的主要依据。积极的激励措施通常比消极的激励措施更加有效，但有时需要同时运用物质和非物质的激励。

4.3.3 企业文化和领导能力

1. 建立促进战略执行的企业文化

（1）企业文化的识别。

企业文化是指一家公司的内部环境和特性，由它的核心价值观、信条、经营理念、传统、行为模式和运行方式决定。每个公司都有其独特的文化。公司文化和工作氛围的特征以及决策层所支持的核心价值观和经营理念，它们从伦理上规定了能否接受某种行为的标准，定义了如何做事的行为规范，表现为重复使用和反复强调的经营方式，影响管理人员的方法和公司内部的政策。公司现有的经营信条、经营理念、经营方式、经营行为、经营态度以及工作环境的交错综合，构成一个公司的企业文化。

企业文化的本质是组织处理事务的信念和哲学。一个公司的企业文化体现为其管理层在以下几个方面所推崇与体现的价值观和工作原则：办公制度和程序、所尊重的习惯和经常重复的故事、员工的态度和行为、违背核心价值观引发的压力、组织制度、管理制度、管理职员和解决问题的方法、与外部股东的关系以及整个工作环境的“组织个性”和“组织化学反应”。其中某些力量是明显的，而另一些是微弱的。

每个阶层都可能影响企业文化中的价值观、信念和习惯，有些文化反映了影响力大的高层管理者的价值观，有些文化反映了部分特殊员工、工作团队、部门和分公司的模范行为。影响力大的领导或公司的创始人往往对企业文化的影响最大，他们把企业文化作为工作原则、工作制度，或者管理员工、顾客、供应商、股东以及经营社会关系的方法。随着时间的推移，这些文化根深蒂固并成为公司处理事务的方法，慢慢被公司的管理层和员工所接受。公司应该鼓励新员工适应和接受企业文化中的价值观、信念和习惯。

（2）企业文化的传播。

企业文化一旦形成，就应在公司范围内不断传播：① 招聘认同公司文化的员工；② 系统地给新员工传播公司的基本规则；③ 高层管理者在日常交流和发言时不断重复强调其核心价值观；④ 重复讲述公司的传奇事迹和传奇人物；⑤ 为能展现公司文化的员工举行颁奖仪式；⑥ 公司公开奖励遵守公司文化的员工并惩罚违背公司文化的人。进入组织的新员工越多，就越需要考查他们的价值观、信念和个性是否与公司的文化相吻合。开始成长的公司如果随机招聘员工，只看重他们的能力和资历，忽视其价值观、信念和个性是否与组织个性、价值观、公司高层制定的战略相匹配，那么就会出现文化危机。

公司也可以尽量吸收那些能够融入企业文化或者带来更好企业文化的员工。同时，招聘者也会选择拥有其喜欢的工作氛围和同事的员工。如果员工不喜欢公司，那么就会很快离开，相反，如果员工能在公司快速成长并在工作中感到快乐，就会很好地完成工作。公司的领导、同事、培训计划以及激励机制都会影响员工的价值观和信念，员工在公司工作时间越久，其在引导新员工融入公司文化的过程中的作用就越大。

（3）引导公司文化变革的力量。

公司的文化并不是一成不变的。市场的新挑战、技术变革和公司内部环境的变化往往会出现处理事务的新方法，从而引起公司文化的变革。新 CEO 如果想对原有业务进行重组以调整经营方向，可能会触发一场公司文化变革。同样，通过多元化进入新领域、扩张到其他国家、快速增长、引进新员工、收购或兼并其他企业都会促进公司文化的变革。

（4）变革公司文化以促进战略的执行。

现有的公司文化和工作氛围可能促进或者阻碍战略的有效执行。当现有的工作氛围使员工的工作态度和行为很好地与管理战略执行相匹配时,公司文化就能够促进公司战略的执行。当公司文化与其战略方向、业绩目标和战略相冲突时，公司文化将阻碍公司战略的执行。在管理战略执行过程中，公司高层管理者要关注公司文化与战略执行之间的匹配，管理的目标是建立和培育能激发组织进行战略执行的文化。优秀的公司文化要求，管理者在建立公司文化时树立“可以做”的态度并在员工之间施加压力，使其更好地执行战略，使员工为了实现公司目标而投入更高的热情和付出更大的努力。

当公司文化不能与其战略执行保持一致时，就应尽快修正战略以适应文化，或者改变文化来适应战略。文化不适应方面的改变越难，执行战略的难度就越大。不及时解决战略与文化的冲突，就会削弱甚至完全否定执行战略所付出的管理努力。

（5）战略与文化的匹配。

改革阻碍战略执行的文化是战略执行者的责任。高层管理者要大力发挥作用来推动文化的变革，因为用健康文化替代不良文化、用新文化替代旧文化需要很长的时间。通过确定有问题的文化、界定新的文化特征、为何采用新文化、修正文化的目的是培育更适合战略的新文化等步骤来启动文化的变革。象征性的和实际的文化变革行动都能推动新文化的建设。通过高层管理者的以身作则、奖励和提拔遵守新行为规范的员工等象征性行动，能够推动文化的变革，实现战略和文化的匹配。

除推动新的行为模式以及解释采取新模式的原因外，战略实施者还要说服所有利益相关者支持变革行动，这些努力不仅限于表面，还体现在实际行动中。策划一些能够为利益相关者带来实际利益的文化变革活动，创建一个能够积极推行战略、稳定的、有能力的团队，用新培养的经理取代旧文化中的经理，改变长期失调或阻碍新措施实施的政策和实践活动，通过重组使结构与战略更加匹配，将激励制度直接与衡量战略业绩的新标准相联系，将物质资源投入到新战略的项目和计划中，等等，通过上述一系列坚强有力的实际行动来培育新文化的价值观和行为模式。建立新文化并使之与战略匹配是一项长期的工作，需要高层管理者、部门领导和中层管理者长期的推动和努力，同时需要员工以及利益相关者的支持。

（6）在道德标准和核心价值观基础上培育文化。

建立在道德标准和核心价值观基础上的企业文化是战略保持长期成功的重要因素。在许多优秀的公司，管理者非常关注员工在处理事务时表现出来的道德标准和核心价值观，他们知道公司的信誉和自己的信誉取决于外部人员对企业活动是否符合道德以及是否被社会认可的看法。如果公司管理者不关注公司处理事务的方式，那么公司的信誉以及最终的业绩都将受到影响。当一些公司违背道德标准和核心价值观的业务活动与经营行为被公之于众时，这些公司往往会遭受巨大损失。

健康的文化是以商业道德准则、社会公认的价值观以及社会责任为基础的。公司管理者可以通过促进那些反映道德标准和核心价值观的行为来培育健康的企业文化：第一，传播企业的战略意图以进行广泛的交流，并验证工作原则和经营方法的诚实性与透明度；第二，指导企业员工做正确的事以及正确地做事；第三，树立公司道德准则，并为特殊行动、决策和政策提供合适的标准。真正重视经营行为的企业会明确表示期望员工行为符合企业的道德标准和核心价值观，建立执行道德标准和处理潜在不道德行为的程序，并明确员工个人的核心价值观以及遵守的道德标准。

为了提高公司效率，必须通过培训使公司的道德标准和核心价值观变成一种工作方式和生活方式，要求员工严格地服从和遵守规范。此外，高层管理者必须遵守所推崇的并作为道德行为、价值观和社会责任的标准。

2. 领导战略的执行过程

对战略的执行过程进行管理，并根据需要进行调整以确保获得成功。在战略执行过程中，公司领导将面临多种多样的重大挑战。公司管理层可以扮演不同的领导角色，比如获取资源、建立发展能力、激励、制定政策、执行政策、处理危机、决策、任务管理等，也可以表现出不同的领导风格：有时候需要专断或者强硬的手段；有时候最好做一个反应敏捷的聆听者，并且善于做出折中的决定；有时候最好委托员工到现场处理问题；有时候做一个教练。很多管理者只是仪式上出现，然后把细节委托给下属去处理，但是很多情况下要求管理者承担重要角色，用大量时间来指导执行过程。

多数情况下，领导战略的执行过程要从上到下进行、授权给下属、展示最好的结果，以带动员工的积极性。只有在理解了执行战略需要的资源和行动，并掌握了公司的资源和准备情况，才能决定做什么事、达到什么目标。只有这样，才能更好地领导战略执行并达到目标。一般情况下，为了促进战略执行并实现高绩效，管理者必须注意以下几个方面：

（1）要关注战略执行的进展、密切指导进程、探讨出现的问题、研究执行面临的障碍。他们必须花大量时间来倾听员工诉说，并与员工交流、培训员工、激励员工以及收集重要信息。

（2）给组织施以积极的压力来达成良好的效果。通过激励，团队成员在竞争环境中执行战略并达成良好的效果。

（3）使组织集中精力做最优秀的事。他们倡导进步的创新思想，用最佳的标准和方式来衡量价值链上活动的进步以使公司集中精力创造优秀的业绩。

（4）指导核心竞争力和竞争能力的发展。他们的重要工作是培育更好地执行战略的竞争优势和竞争能力。

（5）以道德为航标，坚持以道德模范企业的要求来规范公司的行为。他们是严格遵守道德标准并以社会认可的方式处理公司业务的模范，明确提出了遵守的道德标准。

（6）通过不断改善行为来完善战略执行的过程以达到企业的战略目标。当公司的战略执行结果不好，公司没有取得进步时，领导有责任提出正确的行动方案。

3. 战略制定和战略执行总结

在实际操作过程中，很难把战略执行的要求和战略管理的其他方面区分开。制定、实施或执行战略与制定公司愿景、目标、战略、能力、实施方法这五个方面内容相联系，并与公司文化和不断变化的环境相匹配。这个过程是连续的，战略制定和执行在现实世界的界限是模糊的。测定战略领导能力的最好方法是企业是否有一个恰当的战略，战略执行是否带来好的结果。如果这两方面都做得很好，那么企业的战略管理能力就很高。

想一想

本团队是怎样决定公司经营的重大问题的？效果如何？如何改进？你个人在赞同或反对某项议题时，是根据提出议题的人还是议题本身？描述企业文化在战略执行中的重要意义。

4.4 沙盘模拟企业经营战略制定与执行

任务描述

CEO组织团队成员研究和设计本公司的愿景、确定公司经营业务、制定业务发展目标和发展战略、实施和控制业务发展战略以实现目标。

4.4.1 企业商业运行逻辑

制定正确的企业发展战略，需要把规范性和灵活性有机结合起来。企业必须坚持一个既定的战略，同时要不断地改进它。在制定战略之前，我们要明白企业的商业运行逻辑，即企业依靠什么活动和怎样的活动过程来赚取利润和实现发展目标。

任何商业任务都是在获取一定利润的基础上向顾客提供价值（顾客需要的并不是具体的商品，而是商品能够提供给顾客的效用和利益）。由于顾客的消息越来越灵通，一个公司想要取胜，就只能更好地调整价值传递过程，有选择地向顾客提供卓越的价值。我们可以把价值创造和价值传递过程分为三个阶段：第一阶段是选择价值，即要细分市场，选择适当的目标市场，开发要提供的价值定位；第二阶段是提供价值，即确定特定的产品特色、价格和分销；第三阶段是传播价值，即通过网络、广告、销售团队和其他传播工具来宣传产品和开展促销活动。

根据迈克尔·波特的价值链分析工具，将企业为顾客创造价值的活动分为五个基本活动和四个支持活动，共九个战略性的相关活动。基本活动包括：① 入场物流，或材料供应；② 运营，或将材料转化为最终产品；③ 输出物流，或成品储运；④ 市场营销，包括销售；⑤ 售后服务。支持性活动有：① 采购；② 技术开发；③ 人力资源管理；④ 公司基础设施建设（覆盖综合管理、计划、财务、会计、法律和政府事务的活动及其关联成本）。

公司的任务是检查每一个价值创造活动的成本和绩效，以优秀的竞争对手为标杆，努力寻找定点赶超的办法。管理人员可以咨询顾客、供应商、分销商、金融分析师、贸易协会和媒体，在全球范围内寻找在某项管理领域做得最好的企业，将其作为定点赶超的对象。即使最优秀的企业也可以在必要的情况下把其他行业里的企业作为标杆管理的对象，以提升自己的绩效。

公司的成功不仅取决于各部门如何执行工作，还取决于该公司如何协调部门活动来开展核心业务流程。核心业务流程包括：① 市场感知过程，即收集有关市场信息并采取行动；② 新产品的开发与实现过程；③ 顾客获取过程——确定目标市场和寻找新顾客；④ 顾客关系管理过程——在相互了解的基础上，和各个顾客建立更深的关系，并向其提供产品；⑤ 订单履行过程——接受和批准订单，按时装运货物并收取货款。

一些大型公司正在重新设计它们的工作流程，建立跨职能团队来负责每个过程。公司在做好内部的价值创造与价值传递工作之外，还应当分析供应商、分销商、顾客的价值链，在自身的运营管理环节之外寻求竞争优势，并与特定的供应商和分销商进行伙伴式合作，创造一个卓越的价值传递网络，即供应链，通过成立供应链联盟开展竞争，在一个更宽广的业务流程中建立竞争优势。

公司为了获得更好的质量和较低的成本，可以把非核心的业务或非关键的环节外包出去，把公司的重要资源用于支撑核心业务，以发展和形成核心竞争力。许多纺织、化工和电子产品企业把产品外包给其他制造商，自己则专注于产品设计、开发和营销。企业还可以通过调整自己来使核心竞争力最大化，主要办法有业务的调整或重塑、在更大的市场范围内发展业务以及品牌的重新定位等。沃顿商学院的乔治·戴教授认为，市场导向型组织在市场感知能力、顾客关系能力和渠道连接能力等三个与众不同的能力方面表现卓越。在市场感知方面，他认为巨大的机会和威胁通常是从企业的“外围”业务的“弱信号”开始的。他建议通过回答三个问题来系统地开发外围视觉：学习过去、评价现在和展望未来。

在 ERP 模拟企业里，价值创造的基本活动有产品加工、市场开发、广告投放、参加订货会和竞拍会、订单交货等，支持性活动有产品研发、质量认证、材料采购、支付管理费、基础设施建设、筹融资和资金分配活动等。模拟企业在购置厂房和生产线的同时，完成产品研发、市场开发与质量认证、采购材料等生产准备活动，通过订货会和竞拍会获得销售订单，组织产品生产并完成订单交货等一系列业务经营流程，为市场提供产品来获取利润，继而进一步开展生产活动和扩大生产活动，通过生产活动的周而复始的循环来实现企业的发展目标。

想一想

描述沙盘企业的商业运行逻辑。

4.4.2　战略计划制定的基本流程

大多数公司一般有四个组织层级：公司层、部门层、业务层、产品层。公司总部负责设计公司战略计划以指导整个企业发展，它决定分配给每个部门的资源数量以及业务什么时候开始什么时候结束。每个部门制订相应计划，将资源分配给该部门中的每个业务单元。每个业务单元也要制订相应计划，以确保该业务单元的未来。每个产品层面（包括产品线、品牌）再制订一个营销计划去达成自己的目标。完整的战略计划、实施和控制过程如图 4-13 所示。

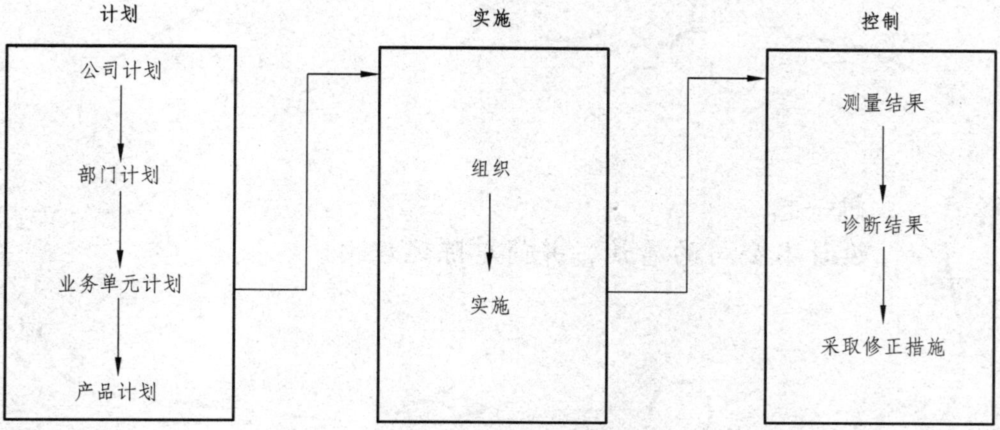

图 4-13　战略计划、实施和控制过程

1. 公司和部门计划

不论公司总部是否允许它们的业务单元设定自己的目标和战略，或者共同协作制定这些目标和战略，所有的公司总部都应该承担以下四个计划的制订活动：确定公司使命；建立战略业务单元；将资源分配给每个战略业务单元；评估成长机会。

（1）确定公司使命。

为了确定公司使命，一个公司应该解决彼得·德鲁克提出的经典问题：我们的业务是什么？谁是各项业务的顾客？我们对顾客的价值是什么？我们的业务将是什么？我们的业务应该是什么？这些问题是公司面临的问题中最困难的问题。成功的公司不断地向自己提出这些问题并回答它们。

公司经常从产品角度定义自己的业务，如 “汽车行业”或“服装行业”。从市场角度将业务描述为顾客满意的过程。产品是短暂的，而基本需求和顾客群体是永远存在的。运输是一种需求，而马和马车、汽车、铁路、航空、轮船都是满足这类需求的产品。

从顾客需求方面查看业务可以发现潜在的成长机会。比如施乐公司把自己的业务从“我们生产复印设备”调整为“我们提高办公效率”，就是将从产品角度定义的业务转换为从市场角度定义的业务。

目标市场界定倾向于将产品或服务销售给当前的市场。百事可乐的目标市场界定为每个喝碳酸饮料的人，因此它的竞争对手将是其他类型碳酸饮料公司。但从战略市场界定则不同，它的目标市场除了包括当前顾客，还包括潜在的顾客。如果百事可乐把想喝点东西来解渴的每个人作为它的顾客，那么它的竞争对手将是非碳酸饮料、瓶装水、果汁、茶和咖啡公司。

一个清晰的、思想深刻的使命陈述，是由管理人员、员工与高管共同提出且相互分享的，它提供了对目的、方向和机会的共同感知。它能够反映公司的愿景，提供未来 10 ~ 20 年的发展方向。好的使命陈述有如下主要特征：① 它们专注于几个有限的目标。② 它们强调公司的重大政策和价值观。③ 它们定义了公司经营的主要竞争领域。可以从产业、产品、能力、细分市场、地理区域、垂直渠道等方面定义竞争领域。④ 它们要有长远的眼光。⑤ 它们是精练的、难忘的和有意义的陈述。

想一想

设计本公司的愿景，并简单陈述理由。

（2）建立战略业务单元。

一些大公司通常有一系列完全不同的业务，每个业务都需要建立自己的战略。小公司的业务较少，不需要针对每个业务都制定战略。战略业务单元是一项独立业务或相关业务的集合体，它有自己的竞争者和专门的管理人员，在编制计划时与公司的其他业务分开并单独编制。

在 ERP 沙盘企业模拟中，由于企业是一个初创企业，没有任何经营业务，所以需要先确定自己的产品业务，而在市场的选择上，基本没有什么选择余地。如果选择部分市场，只能放弃开放期限长的亚洲和国际市场，这将对企业的经营造成巨大的潜在损失。选择产品业务，需要分析产品的市场需求和价格的变化、产品的毛利率以及产品市场的竞争强度等因素。

（3）将资源分配给每个战略业务单元。

如果企业有众多的战略业务单元，公司的管理层就需要给每一个战略业务单元分配资源。通用电气的麦肯锡矩阵法是根据每项业务的竞争优势水平和所在行业的吸引力来划分业务类别的。管理层依据业务的类别做出促进增长、变现或保持现有业务的决策。波士顿矩阵法则以相对市场份额和年度市场增长率作为划分业务类别的标准，将每个业务划分为明星类、现金牛类、瘦狗类和问题类，然后根据业务类型做出继续投资、扶持还是放弃的决定。

在沙盘实训中，企业的业务较少，一旦经营团队决定了经营的产品业务，就着手分配资源到业务经营的各个具体活动项目，并根据业务经营的数量分配资源到各个活动项目。

（4）评估成长机会。

评估成长机会包括规划新业务、缩小规模和终止旧业务。如果预期销售收入和业务规划的销售收入之间存在差距，就需要开发新业务或收购新的业务。

在预期销售收入与业务规划的销售收入之间存在差距时，企业可以通过密集型成长机会、一体化成长机会和多样化成长机会三种策略来弥补差距。

① 密集型成长。

密集型成长就是在当前业务中识别成长机会。公司管理者首先应该评估能够改善现有业务的机会。一种有用的工具是“产品—市场扩展方格”。它认为，战略成长机会在于现有产品与市场交互所形成的机会，以及新产品和市场交互所形成的机会。

公司首先使用市场渗透战略，即在当前市场的现有产品是否可以获得更多的市场份额。其次，考虑使用市场开发战略，即是否为现有产品找到新市场。最后，考虑使用产品开发战略，即是否为当前市场开发新产品。另外，还可以使用多样化战略来考虑在新市场开发新产品的机会。

② 一体化成长。

企业通过向后、向前或横向一体化整合产业来增加销售收入和利润。建立或并购的业务须与当前业务相关联。

③ 多样化成长。

多样化成长，就是添加与当前业务不相关的有吸引力的业务。可以选择同心多样化战略，开发与现有产品线存在技术或营销协同性的新产品。也可以使用横向一体化战略，或者寻求与当前技术、产品或市场没有任何关联的新业务，采用企业的整体战略优势发展新业务。

为了实现业务成长，公司可以考虑通过精简组织机构和剥离旧业务、改变组织结构和政策、调整组织文化以及管理创新等措施来达到业务发展的目的。

这里的几种成长战略，为沙盘企业模拟经营提供了业务发展战略选择的思路和具体策略，在模拟企业经营的中后期，经营团队可以根据自己企业现有业务的发展状况，采用类似的思考方法或者直接采取相应的成长战略。

想一想

描述本公司拟经营的产品业务和将采取的成长战略。

2. 业务单元战略计划

（1）业务使命。

每个业务单元需要在广泛的公司使命中确定其特定的业务使命。业务单元在沙盘模拟企业可以根据产品进行定义。如本企业要用 P2 产品增加赢利，用 P3 产品与竞争对手抗衡，或者用 P4 产品创造利润，用 P2 和 P3 产品来扩大市场份额，等等。在沙盘模拟经营中，一般只制定一个战略计划，只需要确定业务发展方向就足够了，感兴趣的同学可以尝试制定自己企业总体战略或业务战略计划。

（2）SWOT 分析。

SWOT 分析是对公司的优势、劣势、机会和威胁进行全面评估，探查企业外部环境和内部环境的一种方法。每个业务单元应该建立一个信息收集系统来观察它们的演化趋势、重要的发展趋势，以及任何相关的机会和威胁。

营销机会是买方存在需求且感兴趣的领域。企业的营销机会来源有三种情况：现有产品供不应求；使用一种新的或改良的方式去提供现有的产品或服务；开发一个全新的产品或服务。

每个企业都需要评估其内部的优势和劣势，以便能够把握一些好的机会和规避重大的环境威胁。

（3）目标制定。

在 SWOT 分析后，就可以制定一个量化的且有时间限制的具体目标。大多数业务单元追求多种目标，包括盈利能力、销售额增长、市场份额提高、提高投资回报率、风险控制、创新和声誉等。制定的目标要符合可量化、可实现、各个目标之间是一致的、能够根据重要性进行高低排序等标准。

目标选择不同，需要的战略选择也不相同。在选择目标时，还需要权衡短期利润获取和长期业务增长、现有市场的深层渗透和新市场的开发、利润目标和非利润目标以及高增长和低风险等问题。

（4）战略制定。

目标表明业务单元要实现的方向，战略是实现这些目标的计划。战略包括营销战略、技术战略和采购战略。

企业可以运用迈克尔·波特的总成本领先战略、差异化战略、聚焦战略三种通用战略思想或者前述的五种竞争战略方式，来制定自己的业务单元战略计划，也可以通过发展战略联盟来降低成本，以获取竞争优势和扩大市场影响力。

（5）项目制定。

业务单元战略计划制定以后，就需要确定为落实战略而采取的具体活动。如果业务单元决定追求技术领先地位，就需要加强其研发部门的实力、收集技术信报、开发尖端产品、培训销售人员、向顾客传递其技术领导的形象。

（6）实施。

公司的战略计划需要强有力的执行，否则再好的战略计划也没有意义。公司需要规划战略执行的每一个项目和具体细节，评估每个项目的活动成本和产生的收益，并在具体活动中参照执行。战略执行需要公司具有很强的关系营销能力。关系营销致力于与主要顾客建立互相满意且长期的关系以获得和维持企业业务。关系营销的四大主要成员是顾客、雇员、合作伙伴（渠道、供应商、分销商、经销商和代理商）和财务伙伴（股东、投资者、分析师）。管理者必须为这些成员创造财富，并平衡利益相关者的回报。

所有的利益相关者群体之间是动态的连接关系。明智的公司会创造一个高水平的员工满意度，从而激发员工以更高的工作热情和责任感努力工作，由此生产更高质量的产品和服务，创造更高的客户满意度，带来更多的回头业务，使产品销售收入和利润大幅度增长，进而使股东满意并带来更多的投资，等等。这种良性循环意味着利润和业务的增长。

（7）反馈和控制。

当公司因市场环境的变化而导致适应性不断被弱化、有效性不断丧失时，公司的战略要进行必要的调整以保持其高效性。彼得·德鲁克指出，更重要的是“做正确的事（有效性）”，而不是“正确地做事（效率）”。成功的公司在两方面都做得很出色。

公司的组织结构也应随环境变化而调整。如果仅改变公司部分结构而效果不明显时，就应对公司进行强有力的全面改造，并采取新的目标和行为。

4.4.3 沙盘企业战略制定与执行

在 ERP 沙盘模拟实训中，不需要分别制定公司层、部门层、业务层、产品层战略，但可以将前述的公司战略和业务战略制定的流程与方法结合起来，将沙盘企业的战略制定与执行简化为设计公司愿景、制订经营目标、制定业务发展战略、执行策略和经营活动总结等几个重要组成部分。下面就这几个重要组成部分一一进行说明。

1. 设计公司愿景

设计虚拟企业的愿景或者使命，可以从产品或市场角度描述企业的发展方向。由于在 ERP 沙盘模拟实训中，市场和产品都是抽象的概念，对企业的愿景可以进行笼统的描述。比如，本公司致力于提供 P 系列产品或者向高端用户提供优质高价 P 系列产品等。也可以从实训教学角度，设计一些公司经营的口号代替公司愿景，用以鼓舞士气，提高实训的积极性和参与热情，比如，“齐心协力，争创佳绩”“潜心笃行，与市场共舞”“好学近乎知，力行近乎仁”“探索无止境，实践出真知”“纸上得来终觉浅，绝知此事要躬行”等。

2. 制定经营目标

企业经营目标，是在一定时期企业生产经营活动预期要达到的成果，是企业生产经营活动目的性的反映与体现。企业的经营目标不是单一的，而是多重目标的统一。惠普的创始人之一比尔·休利特说过，惠普从来没有把利润最大化作为自己的经营目标，但也从来没有把利润放在所有考虑问题之外。惠普有七大目标：培养、发展忠诚的客户；合理利润（超过行业平均水平）；行业领导地位（保持在第一位、第二位，并形成规模）、持续增长（有动力和潜力）、员工发展、团队领导力提升和社会责任。这些目标如同齿轮一样紧紧咬合在一起，牵一发而动全局。而惠普最重视的就是培养和发展忠诚的客户。

企业的经营目标有很多，比如获取理想利润目标、取得适当投资利润率目标、维持和提高市场占有率目标、应对竞争目标、企业的生存等，企业会根据自身资源和所处的市场环境来制定适合自己的经营目标。

在沙盘企业模拟经营实训中，企业经营中许多环境因素是确定的，如市场总需求、产品生产成本、产品价格、融资费用率等，模拟企业只需要利用一些自身可以控制的因素，如广告投放、资源配置组合、产品与市场的交互策略等因素来实现企业的经营目标。模拟企业经营的主要任务是应对竞争和驱动增长，通过合理配置和有效使用各种资源，控制和降低各种运行费用，努力提高产销量，达到所有者权益和企业发展潜力均衡增长的目的。

经营目标分为总体目标和阶段目标。各个模拟经营团队根据自己的能力和意愿制定自己企业将要达到的经营得分范围，然后制定产量、销售量、利润、所有者权益、企业发展潜力等各项指标的阶段性目标，再根据总目标和阶段性目标规划产品研发与生产、市场开发与质量认证、产能布置与扩张、广告预算与产品销售、融资等具体经营策略，各种策略相互依存、紧密配合，通过强有力的执行、灵活的适应与应变调整来实现目标。

制定经营总得分目标可以用绝对数值和相对数值，如总得分达到8000分，或者总得分名列前茅等。具体怎么制定，由经营团队讨论决定。经营管理能力强的团队制定较高的经营目标，能力弱的团队可以制定较低的经营目标。企业发展潜力指标和所有者权益指标之间存在着替代关系，追求较高的企业发展潜力会造成较低的所有者权益，相反，追求高所有者权益会使企业发展潜力指标降低。两项指标之间可能存在最佳配合比例，这个组合关系需要用好的战略制定和好的战略执行来努力探索，并不是靠什么数学方法计算出结论，然后看图索骥就能实现的。

3. 制定业务发展战略

通过对市场预测资料的分析和竞争对手情况的研究，要确定选择哪种产品或者怎样的产品组合作为实训企业的新业务。一般选择盈利能力强、发展潜力大和竞争较弱的产品。盈利能力强的产品，经营队伍多，竞争较激烈；盈利能力低的产品，经营队伍少，竞争相对较弱。在沙盘经营的P系列产品中，P2和P3产品组合的盈利能力强，市场竞争相对激烈；P1和P4产品组合的盈利能力较弱，但市场竞争强度较低。

一旦选择好产品业务，就需要确定其发展战略了。假如选择P2和P3产品组合作为初始经营业务，未来的业务发展取决于该业务在第二年和第三年的销售业绩。如果销售业绩符合预期，就继续扩大该业务的销售，把现有业务推广到新开发的市场，同时扩大产能，暂时不开发新产品。如果现有业务的销售不符合预期，在维持现有业务的同时研发新的产品，在现有市场和新开发市场同时销售新老产品，或者减少原有业务中业绩不理想的产品品种，以调整后的新产品业务组合抢占市场，增加销售额。

另外，还可以利用沙盘软件的“组间交易”功能，与别的经营小组建立合作伙伴关系，签订协议由其代工某些产品生产，按照协议价格转让产品，达到双方互利共赢的目的。

想一想

确定本企业业务发展的方向（包括可能进行的业务增减情况）。

大致确定企业的增长目标计划：

指标	第二年	第三年	第四年	第五年	第六年
销售额					
所有者权益					
企业发展潜力					

4. 执行战略

在企业的业务发展战略确定后，开始着手企业的基础设施和其他各项经营活动。首先要建立企业生产运作系统，生产线布局既要考虑订单匹配需要，也要考虑未来产品业务调整的需要。接下来就要为各个项目分配资源和设计合理的筹融资方案。

如果在第二年的订单争取中，现有的产品业务销售竞争不是很激烈，能够获取足够的订单，那么就继续发展现有的产品业务，通过密集型成长战略取得销售额和利润的增长。以 P2 和 P3 业务组合为例，各产品计划 4 条生产线，生产该业务的各项活动可以规划如下：

生产线建设和产品生产规划见表 4-2。柔性线和租赁线各 2 条，分别生产 P2 和 P3 产品，如果 P3 产品竞争激烈，可以减少 P3 产品的产量，但不放弃 P3 产品的生产，因为 P3 是盈利能力最强的产品，一旦放弃 P3 产品的生产，P3 产品订单就会给到竞争对手，这样就会拉大与竞争对手的差距。

其他经营活动计划要根据产品生产规划进行编制。产品研发计划见表 4-3，市场开发与产品质量认证计划分别见表 4-4、表 4-5，材料采购计划见表 4-6。

如果在第二年的订单争取中，现有的产品业务销售竞争激烈，很难获取足够的订单，那么就需要开发新产品，增加 P4 产品的生产，根据竞争强弱调整现有产品结构，减掉 P3 或 P2 产品，待到市场全部开发后，再行增加 P3 或 P2 产品的生产，通过产品多样化战略占领市场，提高销售额。该战略调整计划方案的生产线和产品生产见表 4-9。在第三年用租赁线生产销售 P4 产品，等待销售业绩好转和融资额度提高后，在第四年利用短期贷款资金建设柔性线或自动线，完工后再增加 P2 和 P3 产品的生产与销售。相应地，其他生产经营活动也要根据变更计划进行适应性改变，编制方法与前面方案相同，这里不再一一陈述。

战略业务调整最理想的方式是在现有业务基础上增加新产品，逐渐淘汰原有产品业务中处于衰退周期的产品，实现产品业务的新老交替。这需要有较强的市场环境感知能力和对未来变化趋势的良好预见能力，通过提高战略制定和执行的水平，保证企业业务发展战略的持续稳定推进，促进企业的持久健康发展。

在企业模拟经营过程中，利用现金流量表（见表 3-8）、损益与权益预测表（见表 3-10）、产品产量登记表（见表 4-7）和折旧费用计算表（见表 4-8）等表格工具，可以很好地预测经营过程的资金流量、盈利和费用的增长变化情况，规划各项新增活动的规模和节奏，能使企业的战略按预定的计划执行，避免不必要的差错和混乱。

战略的执行过程也是一个团队的组建与磨合过程，每个团队需要一个核心人物和一两个关键性人物来担任关键角色和承担重要的工作职责。核心人物需要具备推动战略制定和执行的重要管理技能、人际关系协调技能和采纳重要建议的判断能力，团队核心源自其出众的工作才能和处理各种复杂关系所表现出的人格魅力。关键人物要具备解决一些关键活动的技术能力，帮助团队攻坚克难，保证企业的顺利运行。经营团队需要建立明确的任务分工和处理工作问题的基本规则，明晰在一些关键问题上的权责担当以及内部分歧的处理原则。经营团队顺畅的沟通和紧密的协作是战略执行的强有力保障。

学生经营团队经常出现的情况是，企业模拟经营处于盲目或经营规程驱动的进程中，对出现的问题毫无察觉，或者无人能够提出针对性的意见和建议，抑或是对意见和建议不置可否。出现这种状况，可能是团队成员缺乏必要的知识与技能，也可能是核心人物和关键人物的缺失，还有一种可能就是团队内部缺乏协作。出现这样那样的问题都是很正常的现象，这需要团队在解决问题的互动中，倡导互信、互助、民主、和谐的团队工作氛围，通过经常性的讨论与辩论，改善和提升团队的协作水平，提高战略制定和战略执行的能力。

表 4-2　生产线建设与产品生产计划

生产线类型	第一年				第二年				第三年				第四年				第五年				第六年			
	Q1	Q2	Q3	Q4	Q1	Q2	Q3	Q4	Q1	Q2	Q3	Q4	Q1	Q2	Q3	Q4	Q1	Q2	Q3	Q4	Q1	Q2	Q3	Q4
柔性线 1	建	建	建	建	P2	P2	P2	P2	P2	P2	P2	P2	P2	P2	P2	P2	P2	P2	P2	P2	P2	P2	P2	P2
柔性线 2	建	建	建	建	P2	P2	P2	P2	P2	P2	P2	P2	P2	P2	P2	P2	P2	P2	P2	P2	P2	P2	P2	P2
柔性线 3	建	建	建	建	P3	P3	P3	P3	P3	P3	P3	P3	P3	P3	P3	P3	P3	P3	P3	P3	P3	P3	P3	P3
柔性线 4	建	建	建	建	P3	P3	P3	P3	P3	P3	P3	P3	P3	P3	P3	P3	P3	P3	P3	P3	P3	P3	P3	P3
自动线 1		建	建	建	P3	P3	P3	P3	P3	P3	P3	P3	P3	P3	P3	P3	P3	P3	P3	P3	P3	P3	P3	P3
自动线 2		建	建	建	P3	P3	P3	P3	P3	P3	P3	P3	P3	P3	P3	P3	P3	P3	P3	P3	P3	P3	P3	P3
自动线 3		建	建	建	P2	P2	P2	P2	P2	P2	P2	P2	P2	P2	P2	P2	P2	P2	P2	P2	P2	P2	P2	P2
自动线 4		建	建	建	P2	P2	P2	P2	P2	P2	P2	P2	P2	P2	P2	P2	P2	P2	P2	P2	P2	P2	P2	P2
自动线 5										建	建	建	P3	P3	P3	P3	P3	P3	P3	P3	P3	P3	P3	P3
自动线 6										建	建	建	P3	P3	P3	P3	P3	P3	P3	P3	P3	P3	P3	P3
自动线 7										建	建	建	P2	P2	P2	P2	P2	P2	P2	P2	P2	P2	P2	P2
自动线 8										建	建	建	P2	P2	P2	P2	P2	P2	P2	P2	P2	P2	P2	P2
柔性线 5													建	建	建	建	P3	P3	P3	P3	P3	P3	P3	P3
柔性线 6													建	建	建	建	P3	P3	P3	P3	P3	P3	P3	P3
柔性线 7													建	建	建	建	P2	P2	P2	P2	P2	P2	P2	P2
柔性线 8													建	建	建	建	P2	P2	P2	P2	P2	P2	P2	P2

表 4-3　产品研发计划

产品	第一年				第二年				第三年				第四年				第五年				第六年			
	Q1	Q2	Q3	Q4	Q1	Q2	Q3	Q4	Q1	Q2	Q3	Q4	Q1	Q2	Q3	Q4	Q1	Q2	Q3	Q4	Q1	Q2	Q3	Q4
P1																							√	√
P2	√	√	√																					
P3	√	√	√	√																				
P4				√																	√	√	√	√

表 4-4　市场开发计划

市场类型	第一年	第二年	第三年	第四年	第五年	第六年
本地	开发					
区域	开发					
国内	开发	开发				
亚洲	开发	开发	开发			
国际	开发	开发	开发	开发		

表 4-5　产品质量认证计划

质量体系	第一年	第二年	第三年	第四年	第五年	第六年
ISO9000	投资	投资				
ISO14000	投资	投资				

表 4-6　材料采购计划

材料	第一年				第二年				第三年				第四年				第五年				第六年		
	Q1	Q2	Q3	Q4	Q1	Q2	Q3	Q4	Q1	Q2	Q3	Q4	Q1	Q2	Q3	Q4	Q1	Q2	Q3	Q4	Q1	Q2	Q3
R1				4	4	4	4	4	4	4	4	6	6	6	6	8	8	8	8	8	8	8	
R2				4	4	4	4	4	4	4	4	6	6	6	6	8	8	8	8	8	8	8	
R3			8	8	8	8	8	8	8	8	12	12	12	12	16	16	16	16	16	16	16		
R4			4	4	4	4	4	4	4	4	6	6	6	6	8	8	8	8	8	8	8		

表 4-7　产品产量登记表

产品	第一年				第二年				第三年				第四年				第五年				第六年			
	Q1	Q2	Q3	Q4	Q1	Q2	Q3	Q4	Q1	Q2	Q3	Q4	Q1	Q2	Q3	Q4	Q1	Q2	Q3	Q4	Q1	Q2	Q3	Q4
P1																								
P2						4	4	4	4	4	4	4	4	6	6	6	6	8	8	8	8	8	8	8
P3						4	4	4	4	4	4	4	4	6	6	6	6	8	8	8	8	8	8	8
P4																								

表 4-8　折旧费用计算表

单位：万元

生产线	第二年	第三年	第四年	第五年	第六年
柔性线		160	160	160	320
自动线		120	120	120	120
合计		280	280	280	440

表 4-9 业务调整方案（备用）

生产线类型	第一年				第二年				第三年				第四年				第五年				第六年			
	Q1	Q2	Q3	Q4	Q1	Q2	Q3	Q4	Q1	Q2	Q3	Q4	Q1	Q2	Q3	Q4	Q1	Q2	Q3	Q4	Q1	Q2	Q3	Q4
柔性线 1	建	建	建	建	P2	P2	P2	P1	P1	P1	P1	P1	P1	P1	P1	P1	P1	P1	P1	P1	P1	P1	P1	P1
柔性线 2	建	建	建	建	P2	P2	P2	P1	P1	P1	P1	P1	P1	P1	P1	P1	P1	P1	P1	P1	P1	P1	P1	P1
柔性线 3	建	建	建	建	P3	P3	P3	P1	P1	P1	P1	P1	P1	P1	P1	P1	P1	P1	P1	P1	P1	P1	P1	P1
柔性线 4	建	建	建	建	P3	P3	P3	P1	P1	P1	P1	P1	P1	P1	P1	P1	P1	P1	P1	P1	P1	P1	P1	P1
自动线 1		建	建	建	P3	P3	P3	P3	P3	P3	P3	P3	P3	P3	P3	P3	P3	P3	P3	P3	P3	P3	P3	P3
自动线 2		建	建	建	P3	P3	P3	P3	P3	P3	P3	P3	P3	P3	P3	P3	P3	P3	P3	P3	P3	P3	P3	P3
自动线 3		建	建	建	P2	P2	P2	P2	P2	P2	P2	P2	P2	P2	P2	P2	P2	P2	P2	P2	P2	P2	P2	P2
自动线 4		建	建	建	P2	P2	P2	P2	P2	P2	P2	P2	P2	P2	P2	P2	P2	P2	P2	P2	P2	P2	P2	P2
租赁线 1									P4	P4	P4	P4	P4	P4	P4	P4	P4	P4	P4	P4	P4	P4	P4	P4
租赁线 2									P4	P4	P4	P4	P4	P4	P4	P4	P4	P4	P4	P4	P4	P4	P4	P4
租赁线 3									P4	P4	P4	P4	P4	P4	P4	P4	P4	P4	P4	P4	P4	P4	P4	P4
租赁线 4									P4	P4	P4	P4	P4	P4	P4	P4	P4	P4	P4	P4	P4	P4	P4	P4
柔性线 5													建	建	建	建	P3	P3	P3	P3	P3	P3	P3	P3
柔性线 6													建	建	建	建	P3	P3	P3	P3	P3	P3	P3	P3
柔性线 7													建	建	建	建	P2	P2	P2	P2	P2	P2	P2	P2
柔性线 8													建	建	建	建	P2	P2	P2	P2	P2	P2	P2	P2

注：第二年继续研发 P4 和 P1，P1 第四季度用柔性线开始生产。

练习题： 规划本企业的业务发展路线和具体活动计划。

生产线建设与产品生产计划

生产线类型	第一年				第二年				第三年				第四年				第五年				第六年			
	Q1	Q2	Q3	Q4	Q1	Q2	Q3	Q4	Q1	Q2	Q3	Q4	Q1	Q2	Q3	Q4	Q1	Q2	Q3	Q4	Q1	Q2	Q3	Q4

产品研发计划

产品	第一年				第二年				第三年				第四年				第五年				第六年			
	Q1	Q2	Q3	Q4	Q1	Q2	Q3	Q4	Q1	Q2	Q3	Q4	Q1	Q2	Q3	Q4	Q1	Q2	Q3	Q4	Q1	Q2	Q3	Q4
P1																								
P2																								
P3																								
P4																								

市场开发计划

市场类型	第一年	第二年	第三年	第四年	第五年	第六年
本地						
区域						
国内						
亚洲						
国际						

产品质量认证计划

质量体系	第一年	第二年	第三年	第四年	第五年	第六年
ISO9000						
ISO14000						

材料采购计划

材料	第一年				第二年				第三年				第四年				第五年				第六年			
	Q1	Q2	Q3	Q4	Q1	Q2	Q3	Q4	Q1	Q2	Q3	Q4	Q1	Q2	Q3	Q4	Q1	Q2	Q3	Q4	Q1	Q2	Q3	Q4
R1																								
R2																								
R3																								
R4																								

产品产量登记表

产品	第一年				第二年				第三年				第四年				第五年				第六年			
	Q1	Q2	Q3	Q4	Q1	Q2	Q3	Q4	Q1	Q2	Q3	Q4	Q1	Q2	Q3	Q4	Q1	Q2	Q3	Q4	Q1	Q2	Q3	Q4
P1																								
P2																								8
P3																								8
P4																								

折旧费用计算表

单位：万元

生产线	第二年	第三年	第四年	第五年	第六年
柔性线					
自动线					
合计					

现有业务可能调整方案

生产线类型	第一年				第二年				第三年				第四年				第五年				第六年			
	Q1	Q2	Q3	Q4	Q1	Q2	Q3	Q4	Q1	Q2	Q3	Q4	Q1	Q2	Q3	Q4	Q1	Q2	Q3	Q4	Q1	Q2	Q3	Q4
柔性线 1																								
柔性线 2																								
柔性线 3																								
柔性线 4																								
自动线 1																								
自动线 2																								
自动线 3																								
自动线 4																								
租赁线 1																								
租赁线 2																								
租赁线 3																								
租赁线 4																								
柔性线 5																								
柔性线 6																								
柔性线 7																								
柔性线 8																								

练习题：某经营小组在最初开始经营的产品业务是 4P1 和 4P4，用 4 条自动线和 4 条柔性线生产，经过第二年的生产和销售后，发现盈利能力一般，需要增加新的产品业务以提高盈利能力。经过对选单过程的观察，发现 P2 产品订单竞争程度较弱，P3 产品订单争夺激烈。请分析下面的产品价格和需求量市场预测资料，需要在原有产品业务上增加多少 P2 或 P3 产品业务，制定产品研发、生产线建设和材料采购（含 P1 和 P4 产品的材料）方案，计算材料采购数量，确定产品生产计划和产品产量，并标出具体开展的年份。

市场预测表——均价

年份	产品	本地	区域	国内	亚洲	国际
第 2 年	P1	50.91	50.15	0	0	0
	P2	68.67	71.25	0	0	0
	P3	87.86	91.5	0	0	0
	P4	132.11	129.58	0	0	0
第 3 年	P1	52.33	51.5	48.69	0	0
	P2	74.32	70.85	71.27	0	0
	P3	92.25	85.84	87.71	0	0
	P4	131.77	122.71	130.62	0	0
第 4 年	P1	48.3	51.1	47.61	51.8	0
	P2	71.69	70.42	70.8	68.62	0
	P3	91.39	89.25	90.67	94.05	0
	P4	129.41	123.5	121.94	126.1	0
第 5 年	P1	51.55	52.06	50.54	50.53	51.35
	P2	69.79	68.93	71.05	70.15	68.75
	P3	87	89.35	92.21	88.21	90.75
	P4	125.74	122.91	120.61	125.55	125.92
第 6 年	P1	51.41	51.07	51.05	49.33	49.18
	P2	68.58	71.07	69.06	71.15	72.12
	P3	93.38	88.92	93	90.44	90.74
	P4	127.05	128.21	126	129.78	124.38

市场预测表——需求量

年份	产品	本地	区域	国内	亚洲	国际
第 2 年	P1	22	20	0	0	0
	P2	21	8	0	0	0
	P3	14	12	0	0	0
	P4	9	12	0	0	0
第 3 年	P1	18	18	16	0	0
	P2	19	20	26	0	0
	P3	12	19	17	0	0
	P4	13	14	8	0	0
第 4 年	P1	10	21	18	10	0
	P2	16	19	20	29	0
	P3	18	16	21	19	0
	P4	17	18	16	20	0
第 5 年	P1	22	16	13	19	17
	P2	19	14	19	13	12
	P3	16	20	19	24	16
	P4	19	11	18	11	12
第 6 年	P1	17	15	22	15	11
	P2	19	15	17	20	16
	P3	13	24	13	18	19
	P4	20	14	14	9	13

生产线和产品研发方案

年份与季度		厂房	生产线	产品研发	材料采购
第__年	Q1				
	Q2				
	Q3				
	Q4				

材料采购计算表

产品及数量	R1	R2	R3	R4
4P1				
4P3				
合　计				

产品生产与产量计划

年份与季度		生产计划				每季度可以销售的产品品种及数量
		P1	P4	P2	P3	
第__年	Q1					
	Q2					
	Q3					
	Q4					

4.5 实训总结与汇报

4.5.1 总结报告的内容

1. 所在企业的战略规划

从战略规划、经营目标进行描述。

2. 所在企业的经营状况

从经营计划、经营过程进行描述。

具体从 1 ~ 6 年的产品业务组合的变化、产能变化、产品销售情况、融资情况变动、利润与权益的变化等方面进行描述。

（3）企业经营的得失分析。

从企业战略实现情况、经营目标的实现情况、出现的问题及解决办法等方面进行描述。

2. 心得体会

（1）企业经营的体会。

从战略的制定和执行角度总结经营体会，总结企业经营管理的基本原理。

（2）对做人做事的感悟。

体验沙盘模拟企业战略经营过程，从中总结出一些做人做事的道理。

4.5.2 汇报

步骤一：介绍各个企业的经营成果排名；

步骤二：各个企业的 CEO 进行六年经营状况的汇报；

步骤三：各组推荐代表做心得体会汇报；

步骤四：现场交流讨论。

参考文献

[1] 丁苍海，于秋红，施晓岚. ERP沙盘模拟进阶教程[M]. 北京：北京交通大学出版社，2014.

[2] 菲利普·科特勒，凯文·莱恩·凯勒. 营销管理[M]. 15版. 上海：格致出版社，上海人民出版社，2016.

[3] 小阿瑟 A. 汤普森，约翰 E. 甘布尔等. 战略管理[M]. 何佳讯，于洪彦，牛永革，等，译. 北京：机械工业出版社，2007.